부동산 명의신탁

저자약력

지은이 양천수는 예전에 '황산벌'로 불렸던 충남 연산에서 태어나, 대전 대성고등학교와 고려대학교 법과대학을 졸업하였다. 이후 고려대학교 대학원 법학과에서 이상돈 교수 지도로 법학석사학위를, 독일 프랑크푸르트대학교 법과대학에서 클라우스 귄터 교수 지도로 법학박사학위를 취득하였다. 현재 영남대학교 법학전문대학원에서 기초법 전임교수로 재직하고 있다. 주요 논문으로는 "초국가적 법다원주의"(2008), "민주적 법치국가에서 본 법규범의 효력근거"(2010), "상호주관적 법익구상의 이론적 전개과정과 현황"(2007), "안락사의 정당화 구조"(2007), "형법해석의 한계"(2008) 등이 있다.

부동산 명의신탁

발행일 **2010년 11월 20일 초판 인쇄**
2010년 11월 26일 초판 발행

지은이 **양천수**
발행인 **이효수**
발행처 **영남대학교 출판부**

경북 경산시 대동 214-1
전화 **053-810-1801~3** 팩스 **053-810-4722**
book.yu.ac.kr

출판등록 1975년 9월 5일 경산 제 16-1호
ISBN 978-89-7581-396-2

부동산 명의신탁

민법과 형법의 관점에서
바라본 통합과학적 접근

양천수 지음

영남대학교출판부

머리말

기본적으로 대륙법체계와 대륙법학을 수용한 우리 법학은 공법과 민사법 및 형사법을 구분하는 대륙법 전통에 따라 공법과 민사법 그리고 형사법을 각기 독자적인 전공영역으로 엄격하게 구분한다. 더 나아가 – 아마도 일본의 영향으로 – 공법과 민사법 및 형사법 안에서도 각기 헌법과 행정법, 민법과 상법, 형법과 형사소송법 등을 엄격하게 구별한다. 이러한 경향은 학문체계(Wissenschaftssystem)에 속하는 법학이 점점 전문화되고, 이와 병행하여 내적 분화가 진척되면서, 더욱 강화되고 있다. 이제는 헌법에서 헌법소송법이 점점 독립 · 분화되고 있고, 민사법 영역에서는 경제법 및 금융법 등이 독자적인 전공영역으로 자리 잡고 있다. 이처럼 각 법 영역이 전문화되고 독립 · 분화되면서, 어느 순간부터 법학을 전공하는 학자는 자신의 세부전공을 선택한 후, 다른 전공에는 가능한 한 관심을 거둔 채 자신의 전공영역 안에서만 연구하고 교육하는 것이 '전문가의 미덕'으로 취급되고 있다. 이러한 경향은 흔히 '실정법 해석론'으로 지칭되는 '실정법 도그마틱'(Rechtsdogmatik) 내부에서만 진행되는 것이 아니라, 법의 기초를 다루는 '기초법학'(Grundlagen des Rechts)과 '실정법 도그마틱' '사이'에서도 찾아볼 수 있다. 법철학자와 같은 기초법학자가 굳이 실정법 도그마틱에 관심을 기울일 필요가 없고, 반대로 실정법학자들은 변호사시험에 나오지도 않을 기초법학에 구태여 관심을 가질 필요가 없는 게 지금의 현실이다.

그러나 우리 법학의 여러 문제들 중에는 어느 한 전공의 관점만으로는 적절하게 해결하기 어려운 경우를 상당수 발견할 수 있다. 물론 민법학이나 형법학의 관점만으로 문제를 손쉽게 풀어갈 수 있는 경우도 다수 존재한다. 그렇지만 오늘날 우리를 골치 아프게 만드는 법적 문제들은 대개 여러 실정법 도그마틱의 관점을 동원해야 하는, 경우에 따라서는 법철학과 같은 기초법학의 관점까지 동원해야 적절하게 풀 수 있는 경우가 상당수 존재한다. 그 때문에 전공영역에 충실하게 법학에 접근해온 법학자나 법률실무가들은 이와 같은 이른바 '하드 케이스'(hard case)를 만나면, 문제해결의 실마리를 찾지 못해 곤혹스러워 하곤 한다.

바로 이러한 근거에서 지난 2009년에 새롭게 출범한 법학전문대학원 체제에서는 '전문법학', '융합형 과목'을 의무적으로 개설하고 교육할 것을 '평가기준'으로 제시하고 있지 않은가?

저자는 민법학에서 논의되는 '부동산 명의신탁'을 이러한 문제의 한 예로 바라본다. 부동산 명의신탁은 민법학과 형법학이 교착하는 영역으로서, 이 문제를 적절하게 취급하고 해결하려면, 기본적으로 이 두 관점을 동원해야 할 필요가 있다고 생각한다. 아울러 바람직한 '부동산 명의신탁 정책'을 위해서는, 법철학과 같은 기초법학의 시각도 필요하다고 생각한다. 이와 같은 문제의식에서 저자는 부동산 명의신탁을 소재로 하여, 어떻게 민법학, 형법학 및 기초법학의 관점을 통합적으로 활용할 수 있는지를 보여주고자 하였다. 따라서 이 책은 부동산 명의신탁에 관한 실정법 도그마틱을 다룬 저서라기보다는, 부동산 명의신탁을 소재로 한 통합과학적 · 기초법학적 연구서라고 보아야 한다. 바로 이 점에서 기본적으로 법철학에 몸을 담고 있는 저자가 왜 이와 같은 저서를 집필한 것인지 해명될 수 있을 것이다. 그러나 저서 집필을 마치고, 이제 출간을 앞둔 시점에서 저자가 내놓은 결과물을 되돌아보니, 저자의 욕심이 용두사미로 끝나고 말았다는 점에 부끄러운 마음을 금할 수 없다. 이제 갓 학문의 세계에 진입한 젊은 학자의 객기와 만용으로 너그럽게 이해해 주셨으면 한다.

이 책은 많은 분들의 도움으로 이 세상에 나올 수 있었다. 그렇지만 너무 많은 분들의 도움을 얻어, 일일이 이 자리에서 거명할 수 없는 것을 아쉽게 생각한다. 다만 몇몇 분들에 대해서는 이 자리에서 감사를 드리고 싶다. 먼저 저자의 학문적 기틀을 마련해 주신 고려대학교 법과대학의 스승님들께 감사를 드린다. 존경스러운 스승님들 덕분에 저자는 법학에 대한 기초를 탄탄하게 쌓을 수 있었을 뿐만 아니라, 법학도 학문이 될 수 있다는 점을 배울 수 있었다. 아울러 저자에게 통합과학적 방법론이 무엇인지 직접 체험할 수 있도록 해주신 독일 프랑크푸르트대학교 법과대학 교수님들에게도 감사를 드린다. 저자는 '비판이론'의 정신이 가득한 프랑크푸르트대학교에서 학문은 '혼자' 하는 것이 아니라, '함께' 하는 것이라는 점을 배울 수 있었다. 또한 저자에게 훌륭한 연구 환경을 제공해준 영남대학교와, 저자에게 언제나 좋은 지적 자극과 토론기회를 마련해 주시는 법학전문대학원의 동료교수님들에게도 감사를 드린다. 저자의 스승이신 고려대학교 법학전문대학원의 이상돈 교수님과 독일 지도교수님이셨던 프랑크푸르트대학교 법과대학의 클라우스 귄터(Klaus Günther)

교수님께는 특별한 감사의 인사를 드리고 싶다. 이 두 분 덕분에 저자는 간신히 학자다운 면모를 갖출 수 있었다. 연구를 핑계로 남편과 아버지의 역할을 제대로 하지 못하고 있는 저자를 사랑으로 이해해주는 가족들에게도 고마운 마음을 전하고 싶다. 그리고 저자의 게으름을 바다와 같은 인내심으로 품어주신 영남대학교 출판부의 이종백 선생님과 이 책의 완성도를 높이는 데 기여를 해준 대구과학대학의 조원현 교수 및 영남대학교 법학연구소 인권교육연구센터의 이명주 연구원에게도 진심으로 감사의 인사를 드린다. 마지막으로 이 책을 지난 2002년에 타계하신 저자의 아버지 故 梁明鎬(1940~2002)님께 바치고 싶다.

2010년 11월

영남대학교 법학전문대학원 연구실에서

양 천 수

차례

제1장 서론

I. 문제제기

형법각칙 가운데는 민법 도그마틱(Dogmatik)을 전제로 한 구성요건들이 많이 산재해 있다.[1] 예를 들어, 절도(형법 제329조)나 강도(형법 제333조), 횡령(형법 제355조 제1항) 등은 '타인의 재물 · 소유 · 점유', '위탁관계' 등과 같은 민법적 개념을 구성요건으로 삼고 있다. 또한 사기(형법 제347조)나 배임(형법 제355조 제2항) 등은 '재산상 손해'라는 민법학상 중요한 개념을 구성요건으로 규정한다.[2] 따라서 이러한 범죄들의 구성요건을 해석할 때 배임

1) '도그마틱'(Dogmatik) 개념에 관해서는 양천수, "개념법학과 이익법학을 넘어선 법도그마틱 구상 - 루만의 법도그마틱 구상을 중심으로 하여 - ", 『성균관법학』 제18권 제1호(2006. 6), 575쪽.

2) 민법학에서 논의되는 '손해' 개념에 관해서는 우선 안법영,"영업경영의 과실침해와 책임귀속의 인과적 표지", 『판례연구』(고려대) 제8집(1996.9), 194쪽 아래.

(형법 제355조 제2항) 등은 '재산상 손해'라는 민법학상 중요한 개념을 구성요건으로 규정한다. 따라서 이러한 범죄들의 구성요건을 해석할 때는, 항상 민법 도그마틱과 형법 도그마틱의 유기적인 긴장관계를 염두에 둘 필요가 있다. 가령 민법 도그마틱이 민법 또는 특별법이 개정 혹은 제정됨으로써, 아니면 판례나 학설이 중대하게 변경됨으로써 변했다면, 이러한 변화를 형법 도그마틱이 어떻게 처리해야 할 것인지 고민해야 할 필요가 있는 것이다. 그런데 바로 이러한 문제와 관련하여, 민법상 '부동산 명의신탁' 도그마틱은 형법 도그마틱에 쉽지 않은 문제를 던진다.

부동산 명의신탁은 이미 오래 전부터 판례법을 통해 민법학에서 유효성을 인정받고 있던 도그마틱이다. 특히 민사판례가 부동산 명의신탁에 관해 정립한 '소유권의 관계적 귀속이론'은 형사판례에도 영향을 미쳐, 대법원 이 판례의 태도를 변경하는 데 기여하기도 하였다. 그런데 이러한 부동산 명의신탁은 사실 '탈세' 등과 같이 건전하지 못한 경제적 목적을 위해 사용되는 경우가 많았다. 그 때문에 국가는 부동산 명의신탁을 탈법적인 것으로 규정하고, 이를 지속적으로 규제하고자 하였다. 그 결과 지난 1995년에는 부동산 명의신탁을 전면적으로 금지하는 "부동산실권리자 명의등기에 관한 법률"이 제정되어 오늘날까지 시행되고 있다. 이에 따라 부동산 명의신탁에 대한 민법 도그마틱은 전면적으로 수정되었다. 그런데 이러한 부동산 명의신탁은 종래 형법 도그마틱에서 횡령죄 또는 배임죄와 관련하여 논의가 되었다.[3] 여기서

3) 배종대, 『형법각론』, 제6전정판, 홍문사, 2006, 518쪽 아래.

알 수 있듯이, 부동산 명의신탁도 민법과 형법이 교차하는 대표적인 경우라 할 수 있다. 특히 부동산 명의신탁에서는 형법 도그마틱이 민법 도그마틱에 많이 의존하는 경향을 보였다. 위에서 언급한 것처럼, 민사판례가 부동산 명의신탁 도그마틱으로 정립한 '소유권의 관계적 귀속이론'에 따라 형사판례의 태도가 바뀐 것이 이를 잘 예증한다.[4] 그렇다면 부동산 명의신탁이 "부동산실권리자 명의등기에 관한 법률"이 제정·시행됨으로써 중대한 변화를 겪게 된 사실이, 형법 도그마틱에는 어떤 의미를 줄 수 있는가? 형법은 이와는 무관하게 종전의 태도를 유지해야 하는가? 아니면 이에 발맞추어 지금까지 유지해 왔던 자신의 도그마틱을 변경해야 하는가? 이러한 의문은 궁극적으로는 민법과 형법의 관계를 어떻게 획정할 것인가 라는 근본적인 의문으로 파고들어 가는 것이기도 하다.[5]

한편 이와 관련하여 대법원은, 대법원 2000. 2. 22.선고 99도5227 판결과 대법원 2000. 3. 24. 선고 98도4347 판결을 통해 이 문제에 대한 자신의 태도를 밝히고 있다. 전자의 판결에서 대법원은 여전히 과거의 태도를 유지하고 있는 반면,[6][7] 후자의 판결에서는 변화된 법적 상황에 따라 새로운 결론을 내리고 있다.[8][9] 하지만 이러한 대법원

4) 이에 관해서는 아래 제4장 II.2.(3) 참고.

5) 이와 비슷한 문제의식에서 형법과 민법의 관계를 다루는 일본학자의 연구로는 佐伯仁志·道垣內弘人, 『刑法と民法の對話』, 有斐閣, 2005 참고.

6) 이는 '2자간 등기명의신탁'에 관한 것이다.

7) 부동산 명의수탁자가 제3자에게 신탁 부동산을 처분한 것을 과거처럼 '횡령죄'로 규율하고 있다.

8) 이는 '계약명의신탁'에 관한 것이다.

9) 여기서 대법원은 '부동산실권리자 명의등기에 관한 법률' 제4조 제2항 단서를 이유로 하여, 명의수탁자가 제3자에게 부동산을 처분한 경우에 횡령죄를 '부정'하고 있다.

판결, 특히 전자의 판결에 대해서는 의문이 없지 않다.

II. 접근방법 및 범위

이 연구는 부동산 명의신탁에 대한 형법적 규율, 특히 '일반' 형법적 규율을 주된 테마로 삼으려 한다. 그런데 본래 부동산 명의신탁은 독일에서도, 일본에서도 인정하고 있지 않은 우리의 고유한 법적 문제다. 그 때문에 이 문제에 접근하기 위해서는, 아무래도 외국 문헌보다는 우리 문헌에 더욱 천착해야 할 필요가 있다. 따라서 이 연구에서는 논증을 전개하는 과정에서 가급적 외국문헌보다는 국내문헌에 초점을 맞추고자 한다.

한편 부동산 명의신탁은 - 위에서 언급하였듯이 - 본래 민사판례가 정립한 도그마틱이다. 그러므로 부동산 명의신탁에 대한 일반 형법적 규율을 정확하게 분석하려면, 그 전에 민법의 차원에서 부동산 명의신탁의 의미를 짚어봐야 할 필요가 있다. 뿐만 아니라, 형법을 통해 부동산 명의신탁을 규율하고자 하는 것은, 궁극적으로는 민법과 형법의 관계를 어떻게 획정할 것인가 라는 근본적인 의문과 연결되는 문제이기도 하다. 이 문제는 단순히 체계내재적인 법도그마틱의 차원을 넘어서, 체계초월적인, 다시 말해 기초법과 관련을 맺는 문제이기도 하다. 따라서 이 연구는 법철학적·법사회학적인 관점을 동원하여 좀 더 근본적인 시야에서 부동산 명의신탁에 관한 문제를 바라보고자 한다. 말하자면, 이 연구는 부동산 명의신탁을 소재로 하여, 일종의 기초법적인 연구를 수행하는 것까지 염두에 두고 있는 것이다.

이러한 맥락에서 이 책은 다음과 같은 순서로 이 주제에 접근하려 한다. 먼저 부동산 명의신탁이 민법 도그마틱에서 어떻게 전개되었는지 검토한다(제2장). 그런데 '부동산실권리자 명의등기에 관한 법률'이 부동산 명의신탁 도그마틱에 대해 중대한 영향을 미쳤으므로, 여기서는 이 법률이 제정되기 전과 제정된 후로 나누어, 부동산 명의신탁 도그마틱을 고찰하려 한다. 다음으로 부동산 명의신탁에 대한 일반 형법적 규율을 논의하기 위한 전제로서, 민법과 형법의 관계를 기초법적인 견지에서 논의하도록 한다(제3장). 그리고 나선 부동산 명의신탁에 대한 형법 도그마틱을 - 일반 형법적 규율을 중심으로 하여 - 살펴본다(제4장). 이 경우에도 '부동산실권리자 명의등기에 관한 법률'이 제정되기 이전과 제정된 이후로 나누어 고찰하고자 한다. 아울러 부동산 명의신탁에 대한 '형법정책'을 간단하게 피력한 후(제5장), 결론을 맺도록 한다(제6장).

제2장
민법상 부동산 명의신탁 도그마틱 개관

I. 부동산 명의신탁의 의의

1. 개념

부동산 명의신탁이란 일반적으로 부동산 소유자인 명의신탁자가 절세 등과 같은 경제적 목적을 위해, 그 상대방인 명의수탁자와 명의신탁약정을 체결한 후, 당해 부동산의 소유권등기 등을 명의수탁자에게 이전하는 것을 말한다.[10][11] 이러한 부동산 명의신탁

10) 여기서 '소유권등기 등'이라고 말한 것은, 부동산 명의신탁에는 '등기명의신탁'뿐만 아니라, 계약자의 지위까지 신탁하는 '계약명의신탁'이 있기 때문이다. 바꿔 말해, 부동산 명의신탁은 크게 등기명의신탁과 계약명의신탁으로 대별되는데, 이 때 계약명의신탁은 명의신탁자가 명의수탁자에게 '계약체결지위'를 이전한다는 점에서 등기명의신탁과 차이를 보인다.

11) 민법상 부동산 명의신탁 도그마틱에 관한 문헌으로는 강봉수, "명의신탁에 있어서 내부적 소유권의 의미 (I)(I)(III)", 『사법행정』(1987. 12-2); 고상룡, "명의신탁이론의 재검토 소고", 『민법학논총』(곽윤직 교수 화갑기념논문집), 박영사, 1985; 곽윤직, "명의신탁해지의 효과", 『민사판례연구』 제4집(1982); 곽윤직, "명의신탁에 관한 판례이론의 연구", 『후암민법논집』, 박

은 통상의 부동산 매매와는 차이가 있다. 통상의 부동산 매매(민법 제563조)에서는 부동산 소유자인 매도인이 매수인에게 원인행위인 매매계약을 통해 등기명의를 이전할 뿐만 아니라, 목적 부동산의 점유까지 이전한다. 즉 통상의 부동산 매매에서는 매수인이 매도인으로부터 법적인 소유권뿐만 아니라, 경제적 이익귀속권까지 이전 받는다. 그렇지만 부동산 명의신탁에서는 그렇지 않다. 부동산 명의신탁에서는 법적인 소유권귀속과 경제적 이익귀속이 서로 분열된다. 대법원 판례의 용어를 빌어 말하면, 부동산 명의신탁에서 목적 부동산의 (외부적) 소유권은 명의수탁자에게 귀속된다. 이에 반해, 경제적 이익향유권은 여전히 명의신탁자에게 남아있다. 왜냐하면, 명의신탁자는 명의신탁약정에 따라 계속해서 목적 부동산을 점유 · 사용 · 수익할 수 있기 때문이다. 이러한 점에서 부동산 명의신탁은 일반적인 부동산 매매와는 차이가 있는 것이다. 그리고 부동산 명의신탁이 지닌 이러한 이원적인 성격 때문에, 부동산 명의신탁은 여러 경제적 목적을 위해 이미 오래 전부터 일반인들 사이에서 널리 사용되어 왔다. 또한 판례 역

영사, 1991; 권오곤, "명의신탁에 관한 판례의 동향", 『민사판례연구』 제10집(1988); 곽윤직·권오곤, 『민법주해[V]』, 박영사, 1992; 목영준, "부동산실권리자명의등기에관한법률상 명의신탁약정의 효력", 『민사판례연구』 제21집(1999); 송덕수, "명의신탁", 『고시연구』(1993. 1); 양창수, "부동산실명법 제4조에 의한 명의신탁의 효력", 『민법연구』제5권, 박영사, 1999; 양창수, "부동산실명법의 사법적 규정에 의한 명의신탁의 규율 -소위 계약명의신탁을 중심으로- ", 『민법연구』 제5권, 박영사, 1999; 양창수, "명의신탁에 대한 규율 재고 -부동산실명법 시행 5년의 평가와 반성- ", 『민법연구』 제6권, 박영사, 2001; 윤철홍, "부동산명의신탁이론에 대한 소고", 『법학논총』(숭실대) 제7집(1994) 이영준, "명의신탁의 유효성에 관하여", 『사법논집』 제19집(1988) 등 참고.

시 이러한 '사실인 관습'에 발맞추어, 일찍부터 부동산 명의신탁을 정당화하는 판례이론을 전개하여 왔다.[12)]

2. 연혁

부동산 명의신탁은 그 용어에서도 알 수 있듯이, 신탁이론과 밀접한 관련을 맺고 있다. 여기서 신탁이론은 영미의 신탁이론과 대륙의 신탁행위론으로 구분할 수 있다. 민법학에서 주로 논의되는 신탁이론은 이 가운데서 주로 대륙의 신탁행위론으로부터 많은 영향을 받은 것이다.[13)] 그렇다면 민법학에서 말하는 신탁이론이란 무엇인가? 여기서 대륙의 신탁행위론을 간략하게 소개하면 다음과 같다.[14)]

대륙, 특히 독일의 신탁이론은 근대 자본주의 과정이 낳은 산물이다. 신탁이론은 종래의 담보물권법이 갖고 있던 한계를 극복하면서, 경제적 효용을 극대화하기 위해 새롭게 등장한 법도그마틱이라 할 수 있다. 왜냐하면, 신탁이론을 통해 비로소 담보권자의 점유를 기본요건으로 하지 않으면서도 동산에 대한 담보를 인정하는 양도담보가 정당화될 수 있었기 때문이다.

로마법 이래로 이어져 온 전통적인 동산 담보법에 따르면, 동산은 기본적으로 담보권자의 점유를 기본요건으로 하는 질권을

---

12) 명의신탁의 판례이론에 대해서는 우선 곽윤직, "명의신탁에 관한 판례이론의 연구", 『후암민법논집』, 박영사, 1991, 245쪽 아래 참고.

13) 영미의 신탁이론은 우리나라에서 신탁법의 형태로 수용되었다.

14) 대륙의 신탁이론에 관해서는 우선 Helmut Coing, 양창수(역), "19세기의 역사적 법교의학으로서의 신탁이론", 『고시계』(1989. 6), 238쪽 아래 참고.

통해서만 담보의 목적물이 될 수 있었다.[15] 그렇지만 전통적인 질권은, 질권의 목적물인 질물을 질권자에게 인도해야 하는 난점을 갖고 있었다.[16] 질물을 질권자에게 인도하고 있는 동안에는, 질권 설정자는 질물을 사용 · 수익하여 경제적 이익을 얻을 수 없었다. 이러한 난점은 공장설비와 같은 동산을 담보로 하여 금융업자로부터 신용을 얻으려 했던 많은 산업자본가들을 곤혹스럽게 했다. 이 때문에 이들은 경제적 이익을 계속 누리면서도, 신용을 얻을 수 있는 새로운 담보제도를 모색하였다. 그 결과 등장한 것이 바로 매도담보 또는 양도담보였다.[17] 양도담보는, 질권과는 달리, 동산의 점유를 담보권자에게 인도하지 않고, 담보권 설정자가 계속 점유를 유지하면서 목적물을 사용 · 수익할 수 있는 장점을 갖고 있었다. 이에 대한 반대급부로서 양도담보권 설정자는 담보권자에게 담보 목적물의 소유권을 이전해야 한다. 즉 양도담보에서는 담보권 설정자가 담보 목적물에 대한 점유권과 사용 · 수익권을 보유할 수 있도록 하면서, 담보권자에게는 담보 목적물의 소유권을 부여하여, 양 당사자의 이익을 극대화하고 있는 것이다.

15) 독일 민법 제1204조; 우리 민법 제329조.
16) 독일 민법 제1205조; 우리 민법 제330조.
17) 매도담보는 양도담보의 선구적인 형태라 할 수 있다. 그러므로 엄밀하게 말해, 매도담보와 양도담보를 동등한 지위에서 구별하는 것은, 담보제도의 역사적 발달상황을 간과한 것이다. 그 동안 국내 민법학계에서는 변칙담보의 유형으로서 매도담보와 양도담보를 동등한 지위에서 파악하였다. 가령 곽윤직, 『물권법』, 신정판, 박영사, 1994, 712쪽 참고; 그러나 민법학자인 양창수 교수(대법관)는 위와 같은 근거에서 매도담보와 양도담보를 구별하는 것은 타당하지 않다고 말한다. 양창수, "「가등기담보 등에 관한 법률」의 현황과 문제점", 『민법연구』 제1권, 박영사, 1993, 286쪽 참고.

그런데 양도담보는 담보권 설정자가 담보를 위하여 담보 목적물의 소유권을 담보권자에게 완전히 이전해야 한다는 점에서, 비판을 받기도 하였다. 양도담보가 악덕 금융업자에 의해 악용될 소지가 있었고, 또 실제로도 그렇게 많이 운용되었기 때문이다. 또한 양도담보는 허위표시로서 무효가 아니냐는 비판에 직면하기도 하였다. 즉 원래 양 당사자가 의도한 것은 비점유의 담보권을 설정하는 데 불과한 것인데, 이를 매도 또는 양도라는 허위표시로서 가장한 것이므로, 이는 '통정허위표시는 무효'라는 민법상 규정에 따라 무효가 된다는 것이다.[18] 이 때 이러한 비판을 막아주고, 양도담보를 법도그마틱적으로 정당화하는 데 기여한 이론이 곧 신탁행위이론이었다.[19] 신탁행위이론은 다음과 같은 논리구성을 통해 양도담보가 허위표시가 아니라, 비전형의 담보제도가 될 수 있다는 점을 논증하였다. 즉 신탁행위이론에 따르면, 양도담보는 세 가지 구조를 갖는다는 것이다. 우선 양도담보의 원인행위로서 채권행위가 존재한다. 이는 보통 금전소비대차 계약이 된다. 다음 담보 목적물을 담보권자에게 이전함으로써, 담보의 목적 범위 안에서만 담보권자가 이 담보 목적물의 소유권을 향유하고, 점유는 계속 담보권 설정자가 보유하면서 경제적 이익을 누릴 수 있도록 하는 것을 내용으로 하는 신탁계약이 체결된다. 마지막으로 목적물의 소유권을 담보권자에게 이전하는 물권

18) 독일 민법 제117조; 우리 민법 제108조 참고.

19) 양도담보가 신탁행위이론에 의해 뒷받침되고 있다는 점에 관해서는 기본적으로 김형석, 『강제집행·파산절차에 있어서 양도담보권자의 지위에 관한 연구』, 서울대 법학석사 학위논문, 1998, 27쪽 아래 참고.

행위가 존재한다. 이러한 신탁행위이론의 이론구성을 통해 이제 양도담보는 관습법상 인정된 '비전형담보'로서 시민권을 취득하게 되었다.[20] 그 후 양도담보는 동산 영역을 넘어 부동산 영역까지 확장되어, 부동산을 담보 목적물로 하는 가등기담보의 형태로까지 발전하였다.

그러면 민법상 부동산 명의신탁은 이러한 대륙의 신탁행위이론을 직접 수용한 것인가? 그렇지는 않다. 비록 부동산 명의신탁이 상당 부분 신탁이론의 성과를 수용하고 있다 하더라도,[21] 특히 판례가 정립한 부동산 명의신탁 도그마틱은 중요한 부분에서 신탁행위론과 차이가 있다. 판례가 정립한 부동산 명의신탁에서 가장 특징적인 부분은, 소유권이 관계적으로 분열된다는 점이다. 즉 판례이론에 따르면, 명의신탁 부동산의 소유권은 '내부적 소유권'과 '외부적 소유권'으로 분열된다. 그리고 내부적 소유권은 여전히 명의신탁자에게 유보되는데 반해, 외부적 소유권은 명의수탁자에게 이전된다. 따라서 명의신탁자와 명의수탁자의 관계에서 보면, 소유자는 여전히 명의신탁자인데 반해, 명의수탁자와 제3자의 관계에서 보면, 명의수탁자가 소유자가 된다. 이러한 특징에서 볼 때, 판례가 정립한 부동산 명의신탁이 대륙에서 성장한 신탁행위이론과 같다고 말할 수 없다. 왜냐하면, 신탁행위이론에 따르면, 소유권은 이렇게 관계적으로 분열되지 않고, 완전

20) 독일제국법원은 1904년에 내린 판결을 통해 이를 확정적으로 받아들였다. RGZ 57, 177; 59, 147.

21) 특히 판례가 정립한 부동산 명의신탁이론의 외부관계는 신탁이론의 그것과 유사하다. 왜냐하면, 부동산 명의신탁의 외부관계에서 보면, 목적 부동산은 수탁자에게 귀속하기 때문이다.

히 수탁자에게 이전되기 때문이다. 다만 수탁자는 신탁약정에 따라 신탁자에게 일정한 채권적 의무를 부담할 뿐이다. 바로 이러한 점에서 민법상 부동산 명의신탁 도그마틱은 한편으로는 대륙의 신탁행위이론과 밀접한 관련을 맺으면서도, 다른 한편으로는 그 자체 독자적인 모습을 갖추고 있다는 점을 알 수 있다. 부동산 명의신탁이론은 일본에도 존재하지 않는 것으로서,[22] 우리 판례가 독자적으로 정립한 도그마틱인 것이다.

II. 부동산 명의신탁의 유형

일반적으로 부동산 명의신탁 하면, 등기명의신탁을 지칭하여 왔다.[23] 이는 그 동안 국내의 대표적인 민법 교과서가 주로 등기명의신탁을 부동산 명의신탁의 형태로 언급하고 있었다는 점에서 확인할 수 있다.[24] 그러나 - 양창수 교수가 지적하고 있듯이 - 이미 일찍부터 판례는 등기명의신탁과 구별되는 계약명의신탁을 부동산 명의신탁의 독자적인 유형으로 인정해 왔다. 가령 판례는 대법원 1989. 11. 14. 선고 88다카19033 판결이나 대법원 1993. 4. 23. 선고 92다909 판결을 통해 계약명의신탁의 존재를 분명히 인정하고 있다.[25]

---

22) 곽윤직, "명의신탁에 관한 판례이론의 연구",『후암민법논집』, 박영사, 1991, 256쪽.

23) 양창수, "부동산실명법의 사법적 규정에 의한 명의신탁의 규율 - 소위 계약명의신탁을 중심으로 - ",『민법연구』제5권, 박영사, 1999, 138쪽.

24) 곽윤직, 앞의 책(주17), 393쪽 아래 참고.

25) 두 판결에 대한 분석은 양창수, 앞의 논문(주23), 139쪽 아래.

이렇게 판례에 의해 정립된 계약명의신탁은 1995년 "부동산실권리자 명의등기에 관한 법률"(이하 '부동산실명법'으로 약칭하여 부르기로 한다)이 제정됨으로써, 실정법상의 유형으로 자리 잡게 되었다. 가령 부동산실명법 제4조 제2항은 다음과 같이 규정한다.

"명의신탁약정에 따라 행하여진 등기에 의한 부동산에 관한 물권변동은 무효로 한다. 다만, 부동산에 관한 물권을 취득하기 위한 계약에서 명의수탁자가 그 일방당사자가 되고 그 타방당사자는 명의신탁약정이 있다는 사실을 알지 못한 경우에는 그러하지 아니하다."

여기서 제4조 제2항 단서는 바로 계약명의신탁의 유효성을 실정화한 것이다. 이는 바꿔 말해, 부동산실명법 제4조가 기본적으로 등기명의신탁 약정과 계약명의신탁 약정을 구별하여 법적 효과를 규율하고 있다는 점을 뜻한다.

그렇다면 등기명의신탁과 계약명의신탁은 어떻게 구별되는가? 앞에서도 말한 것처럼, 등기명의신탁은 부동산 명의신탁의 전형적인 형태라 할 수 있다. 등기명의신탁은 명의신탁자와 명의수탁자가 명의신탁약정을 체결한 후, 등기명의를 명의신탁자로부터 명의수탁자에게 이전함으로써 성립한다. 한 마디로 말해, 등기명의신탁은 '등기명의'만을 수탁자에게 신탁하는 것이다. 이와 달리, 계약명의신탁은 명의신탁자가 명의수탁자에게 '계약체결지위'를 신탁하는 것을 말한다. 따라서 가령 부동산을 매수한다고 할 때,

제3자의 관점에서 보면, 명의신탁자가 매수인이 되는 것이 아니라, 명의수탁자가 매수인이 된다. 매매계약관계(민법 제568조)는 제3자인 매도인과 매수인인 명의수탁자 사이에서 형성된다. 이러한 점에서, 등기명의신탁과 계약명의신탁은 각각 독자적인 부동산 명의신탁의 유형으로서 서로 구별된다.

한편 등기명의신탁은 다시 두 가지 유형으로 구분된다. '2자간 등기명의신탁'과 '3자간 등기명의신탁'이 곧 그것이다. 2자간 등기명의신탁은 가장 단순한 형태로서, 우리가 흔히 알고 있는 부동산 명의신탁 유형이다. 이와 달리, 3자간 등기명의신탁에서는 명의신탁자와 명의수탁자 외에 제3의 행위주체로서 원소유자가 등장한다. 이 관계는 보통 다음과 같은 경우에 발생한다. 먼저 명의신탁자와 명의수탁자가 등기명의신탁 약정을 체결한다. 그리고 나선 명의신탁자가 매수인으로서 원소유자인 제3자와 부동산 매매계약을 체결한다. 이어서 물권행위를 통해 부동산 등기를 넘겨받는다. 그런데 이 때 명의신탁자가 등기를 경료 받는 것이 아니라, 명의신탁약정에 따라 명의수탁자가 제3자로부터 직접 등기를 경료 받는다. 한 마디로 말해, 일종의 중간생략등기 형태가 된다. 이러한 3자간 등기명의신탁은 당사자가 세 명 이상 등장한다는 점에서, 계약명의신탁과 유사하다. 하지만 계약명의신탁에서는 명의수탁자가 매수인이 되는 반면, 3자간 등기명의신탁에서는 명의신탁자가 매수인이 된다는 점에서 양자는 구별된다.

아울러 계약명의신탁도 부동산실명법 제4조 제2항 단서가 마련됨으로써, 다음 두 가지로 구분할 수 있게 되었다. 즉 원소유자인 제3자가 명의신탁약정이 체결되었음을 알고 명의수탁자와 매매계약을 체결하여 부동산을 처분하는 경우와, 그렇지 않은 경우이다. 여기서 이러한 구분이 의미 있는 이유는, 전자는 부동산실명법 제4조 제1항과 제2항 본문에 따라 원칙적으로 무효이지만, 후자는 제4조 제2항 단서에 따라 예외적으로 유효하게 된다는 점에 있다.

III. 부동산 명의신탁의 유효성

1. 서론

부동산 명의신탁이 유효한가에 관해서는 오래 전부터 견해가 대립하여 왔다. 우선 민사법상으로는 명의신탁이 민법 제108조가 규정하는 통정허위표시에 해당하는 것은 아닌지 논의가 되었다. 그리고 공법상으로는 이미 1990년에 제정된 "부동산등기 특별조치법"에 의해서 '탈법행위'라는 이유로 법적 규제를 받아왔다. 그러나 판례는 계속해서 부동산 명의신탁이 사법상으로는 유효하다는 태도를 보여 왔다. 이에 정부는 1995년 부동산실명제의 일환으로 "부동산실권리자 명의등기에 관한 법률"(부동산실명법)을 제정 · 시행하였다. 부동산실명법은 - 일정한 예외를 제외하고는 - 제4조에서 원칙적으로 부동산 명의신탁을 무효로서 금지하고 있다. 이에 따라 이제 부동산 명의신탁은 공법상으로뿐만 아니라, 사법상으로도 무효로 취급받게 되었다. 아래서는 이렇게 부동산 명의신탁의 유효성 여부에 관해 전개되었던 논의를 정리하고자 한다. 특히 1995년에 시행된 부동산실명법의 중요성을 고려하여, 부동산실명법 시행 전과 시행 후로 나누어 이 논의를 고찰하려 한다.

2. 부동산실명법 시행 전에 이루어진 유효성 논의

부동산실명법이 시행되기 이전에는, 부동산 명의신탁이 과연 유효인지 아니면 무효인지에 관해 견해가 대립하였다.[26] 그리고 부동산 명의신탁을 유효하다고 보는 입장에서도 다시 부동산 명의신탁을 어떻게 이론 구성할 것인지에 대해 논란이 이루어졌다.

우선 부동산 명의신탁이 유효인지 아니면 무효인지 견해가 대립하였다. 이를 무효라고 보는 견해는, 부동산 명의신탁은 민법상 통정허위표시에 해당하므로, 민법 제108조에 따라 무효라고 한다.[27] 그 이유는 다음과 같다. 부동산 명의신탁, 그 가운데서도 특히 등기명의신탁에서는 부동산 소유권 등기를 신탁자로부터 수탁자에게 이전한다. 따라서 외부적으로 볼 때, 민법 제186조에 따라 수탁자가 해당 부동산의 소유권자가 된다. 그리고 이 경우 보통 신탁자와 수탁자는 등기원인으로서 매매계약을 이용하므로, 당사자 사이의 의사도 '매매를 통한 소유권 이전'으로 외부적으로 표시된다. 하지만 당사자가 서로에 대해 의욕한 진정한 의사

---

26) 이에 대한 기본적인 서술은 우선 곽윤직·권오곤, 『민법주해(V)』, 박영사, 1997, 517쪽 아래 참고.

27) 무효설을 주장하는 대표적인 견해로, 곽윤직, 앞의 논문(주22); 송덕수, "명의신탁", 『고시연구』(1993. 1); 권오곤, "명의신탁에 관한 판례의 동향", 『민사판례연구』 제10집(1988) 등 참고.

는 소유권 이전이 아니라고 한다. 이는 판례가 정립한 내부적 소유권이론이 잘 뒷받침한다. 오히려 당사자가 서로에 대해 의욕한 의사는 여전히 신탁자가 해당 부동산의 소유권을 보유하면서, 다만 절세 등과 같은 일정한 경제적 목적을 달성하기 위해 등기명의만을 수탁자에게 이전하는 것을 내용으로 한다고 말한다. 그런데 이는 분명 당사자가 서로 통정하여 의사와 표시가 불일치하게 되는 것으로서, 민법 제108조가 규율하는 전형적인 통정허위표시에 해당하고, 따라서 명의신탁은 무효가 된다고 한다.[28] 다만 거래안정과 선의의 제3자 보호를 위해, 수탁자로부터 법률 행위를 통해 부동산을 넘겨받은 선의의 매수인은 민법 제108조 제2항에 따라 소유권자가 될 수 있다고 말한다.

이에 반해, 부동산 명의신탁을 유효라고 주장하는 견해는, 부동산 명의신탁은 통정허위표시가 아니라고 한다.[29] 부동산 명의신탁을 유효하다고 보는 학자 가운데서 특히 양창수 교수(대법관)는 다음과 같은 논거로써 그 유효성을 논증한다. 양창수 교수는 우선 부동산 명의신탁에서도 '가장행위'와 '은닉행위'를 구별해야 한다고 말한다. 가령 부동산 명의신탁에서 등기원인으로 많이 이용되는 매매는 가장행위로서 무효라고 한다. 하지만 이러한 가장행위 배후에 숨어 있는 증여는 은닉행위로서 유효하다고 말한다.[30] 다음 양창수 교수는, 비록 무효설은 부동산 명의신탁의 경

---

28) 곽윤직, 앞의 책(주17), 369쪽 아래.

29) 유효설에 관해서는 무엇보다도 양창수, "부동산실명법 제4조에 의한 명의신탁의 효력", 『민법연구』 제5권, 박영사, 1999, 83쪽 아래.

30) 독일 민법 제117조 제2항: "가장행위에 의하여 다른 법률행위가 은닉되어 있는 때에는, 은닉된 법률행위에 관한 규정이 적용된다." 번역은 양창수 (역),

우 외부적으로는 소유권이 수탁자에게 이전되었지만 내부적으로는 여전히 신탁자에게 소유권이 유보되어 있다는 이유에서 이를 통정허위표시로서 무효라고 하지만, 과연 신탁자가 수탁자에 대해 행사하는 권리가 소유권인지 의문이라고 한다. 그러면서 양창수 교수는 내부적 소유권이라는 개념을 부정함으로써, 소유권은 외부적으로나 내부적으로 완전히 수탁자에게 이전된 것이고, 따라서 의사표시의 불일치는 발생하지 않는다고 말한다.[31] 요컨대, 양창수 교수는 - 양도담보와 마찬가지로[32] -대륙의 신탁행위이론을 원용하여 부동산 명의신탁 도그마틱을 구성함으로써, 명의신탁이 통정허위표시라는 비판을 비껴가고 있는 것이다.

이렇게 부동산 명의신탁의 유효성에 관해서는 크게 부동산 명의신탁을 통정허위표시로서 무효라고 이해하는 견해와, 이는 통정허위표시가 아니고 따라서 신탁행위이론으로 정당화할 수 있다는 견해가 대립한다. 그러나 부동산 명의신탁을 유효한 것으로 보는 견해가 모두 신탁행위이론만을 주장하는 것은 아니다. 유효설

『독일민법전』, 박영사, 2001을 따랐다.

31) 양창수, 앞의 논문(주29), 94쪽 아래(특히 99쪽)참고; 또한 이렇게 소유권이 외부적으로나 내부적으로 완전히 수탁자에게 이전한다고 보는 견해로서 강봉수, "명의신탁에 있어서 내부적 소유권의 의미 (I)(II)(III)", 『사법행정』 제324·325·326호 참고.

32) 물론 양도담보를 어떻게 법적으로 구성할 것인가에 대해서도 견해가 대립한다. 일단 부동산 양도담보의 경우에는 '가등기담보 등에 관한 법률'이 이를 담보권의 형태로 규율하고 있으므로, 부동산 양도담보는 담보권으로 이해하는 것이 타당하다는 견해가 지배적이다. 그렇지만 동산 양도담보에 대해서는, 부동산 양도담보와 마찬가지로 이를 담보권으로 보아야 한다는 견해와, 부동산과는 달리 신탁행위로써 구성해야 한다는 견해가 대립한다. 이러한 견해대립에 대해서는 기본적으로 김형석, 앞의 논문(주19), 13쪽 아래 참고.

가운데는 신탁행위이론(신탁적 양도설)과 판례가 전개한 관계적 귀속설 이외에도[33], 표현소유권설[34], 수동신탁설 등이 주장된다.[35]

먼저 표현소유권설은 부동산 명의수탁자와 거래한 제3자는 선의·악의를 불문하고 소유권을 취득한다는 판례의 태도를 반대하며 주장된 견해다. 이 견해는 프랑스 판례법이 정립한 표현소유권이론을 원용하여, 부동산 명의수탁자가 신탁자로터 취득한 권리는, 진정한 소유권도 그렇다고 외부적 소유권도 아니라고 한다. 대신 명의수탁자는 명의신탁자로부터 표현소유권을 취득한 것에 불과하다고 한다. 따라서 만약 명의수탁자가 제3자에게 부동산 처분을 목적으로 하는 법률행위를 할 경우에는, 그 제3자가 오직 선의일 때만 유효하게 소유권을 취득할 수 있을 뿐이라고 한다.

한편 수동신탁설은 영미법상의 수동신탁 도그마틱을 도입한

33) 판례가 정립한 관계적 귀속설은 - 주지하다시피 - 소유권이 외부적 소유권과 내부적 소유권으로 분열되어, 외부적 소유권은 수탁자에게 그리고 내부적 소유권은 신탁자에게 귀속된다고 한다. 그러나 이러한 관계적 귀속설은 - 양창수 교수가 지적하다시피 - 다음과 같은 결정적인 약점을 갖는다. 우선 소유권이란 물권으로서 물권적 청구권을 행사할 수 있도록 하는 법적 기초가 되어야 하는데, 현행 판례(대법원 1979. 9. 25. 선고, 77다1079 전원합의체 판결)에 따르면, 내부적 소유권을 갖고 있는 신탁자는 물권적 청구권을 직접 행사할 수 없다. 이는 소유권 개념에 합치하지 않는다. 둘째, 이렇게 보면 내부적 소유권이란 일정한 채권들의 집합에 불과한 것인데, 이를 여전히 소유권이라고 칭하는 것은 적합하지 않다. 셋째, 소유권의 관계적 귀속은 민법 제186조의 취지에 부합하지 않는다. 넷째, 수탁자와 거래한 제3자의 범위를 정확하게 확정하는 것이 어렵다. 이에 관해서는 양창수, 앞의 논문(주29), 94-99쪽 참고.

34) 고상룡, "명의신탁의 재검토 소고", 『민법학논총』(후암 곽윤직 교수 화갑기념 논문집), 박영사, 1985, 177쪽 아래.

35) 김상용, "영미신탁법상의 수동신탁법리에 의한 명의신탁이론의 재구성", 『판례월보』 제201호(1987. 6), 27쪽 아래.

견해이다. 우선 이해의 편의를 위해 영미법상 수동신탁 도그마틱을 간략하게 소개한다.[36] 영미법상 신탁 도그마틱에 따르면, 신탁은 크게 '능동신탁'과 '수동신탁'으로 구별된다. 능동신탁에서는 가령 소유권 등과 같은 권리가 신탁자로부터 수탁자에게 적극적으로 이전된다. 따라서 수탁자는 신탁 목적물을 관리해야할 적극적인 의무를 부담한다. 신탁자는 신탁 목적물로부터 경제적인 이득을 취득할 수 있는 보통법상의 권원을 취득할 따름이다. 이에 반해, 수동신탁에서는 단지 형식적인 명의만이 수탁자에게 이전될 뿐이다. 신탁 목적물을 적극적으로 관리할 수 있는 권리나, 경제적 이익향유권은 여전히 신탁자가 갖는다. 수동신탁설은 바로 이러한 영미법상의 수동신탁 도그마틱을 원용하여, 부동산 명의신탁을 설명한다. 이에 따르면, 부동산 명의신탁에서 진정한 소유권은 신탁자에게 유보되고, 단지 명의만이 수탁자에게 이전될 뿐이다. 다시 말해, 소유권은 대외적 · 대내적으로 신탁자가 보유한다고 파악한다. 그러므로 신탁자의 채권자들은 신탁 목적물에 대해 강제집행을 할 수 있다고 한다. 그리고 수탁자와 거래한 제3자는 오직 선의일 때만 예외적으로 보호받을 수 있다고 한다.[37]

---

36) 이를 간략하게 정리한 문헌으로 김상용 교수의 논문인 "영미법상의 수동신탁법리에 의한 명의신탁이론의 재구성"(주35) 이외에 곽윤직·권오곤, 앞의 책(주26), 520-521쪽 참고.

37) 그러나 표현소유권설이나 수동신탁설에는 몇 가지 문제점이 있다. 먼저 표현소유권설이나 수동신탁설은 모두 진정한 소유권이 신탁자에게 있다고 하는데, 그렇게 되면 무효설이 주장하는 통정허위표시 논거를 극복하기 어렵다. 왜냐하면, 이 경우 분명 내심적 의사와 외부적 표시 사이에 불일치가 발생하기 때문이다. 예를 들어, 등기원인은 매매로 되어 있고, 등기명의가 수탁자에게 이전되었는데도, 진정한 소유권은 여전히 신탁자에게 유보되어 있다

3. 부동산실명법 시행 이후의 유효성 논의

이렇게 판례와 지배적인 학설에 의해 그 유효성이 인정되었던 부동산 명의신탁은, 탈세 등의 목적 때문에 명의신탁이 횡횡하고 있다는 사회적 반성에서, 공법적인 도전을 받게 되었다. 1990년에 제정된 "부동산등기 특별조치법"은 부동산 명의신탁에 대한 본격적인 공법적 도전이었다. 이 법 제7조 제1항은 "조세부과를 면하려 하거나 다른 시점 간의 가격변동에 따른 이득을 얻으려 하거나 소유권 등 권리변동을 규제하는 법령의 제한을 회피할 목적으로 타인의 명의를 빌려 소유권이전등기를 신청하면 아니된다." 고 규정함으로써, 부동산 명의신탁의 탈법적 운용을 규제하고자 하였다. 뿐만 아니라, 같은 법 제8조 제3호를 통해 같은 법 제7조 제1항에 위반한 경우, 3년 이하의 징역 또는 1억 이하의 벌금에 처한다는 형법적인 규제까지 마련하였다. 그런데도 대법원은, 대법

고 한다면, 이를 가장행위가 아니라고 말하기는 어렵다. 또한 표현소유권설은 프랑스의 도그마틱을 원용하여 결과적으로 수탁자와 거래한 선의의 제3자만을 보호하려 하는데, 이러한 결론은 무효설이 취하는 것과 다를 바 없다. 본래 민법 제108조 제2항이 추구하는 선의의 제3자 보호는, '신뢰책임'이라는 관점을 그 배후에 깔고 있다. 그런데 이러한 신뢰책임은 이른바 '표현책임'의 바탕을 이루는 것이기도 하고, 프랑스의 표현소유권 역시 이러한 표현책임의 한 유형이라고 할 수 있다. 그러므로 제108조 제2항의 근거와 표현소유권 도그마틱의 근거는 실질적으로 같다고 말할 수 있다. 따라서 무효설 이외에 별도로 표현소유권설을 주장하는 것은 별 실익이 없다고 생각한다. 나아가 수동신탁이론은 영미법상의 이론을 도입하여 부동산 명의신탁을 설명하고 있는데, 이는 결정적으로 민법 제186조에 반한다는 약점을 지닌다. 등기명의가 신탁자에서 수탁자에게 넘어갔는데도, 진정한 소유권이 여전히 신탁자에게 있다는 결론은 도대체 어떻게 도출할 수 있는 것일까? 이는 결국 당사자의 의사가 등기의 효력을 넘어선다고 보는 것인데, 이는 성립요건주의를 표명하고 있는 민법 제186조의 규정에 반한다.

원 1993. 8. 13. 선고 92다42651 판결 등을 통해 부동산 명의신탁은 사법적으로는 여전히 유효하다는 태도를 유지하였다.[38] 이는 판례가 그 동안 정립한 효력법규와 단속법규의 구별론에서 자연스럽게 도출된 결과이기도 하였다.

이렇게 부동산 명의신탁이 사법상 여전히 유효성을 인정받게 되자, 정부는 부동산실명제의 일환으로 부동산 명의신탁을 사법상으로도 규율하기 위해, 1995년 "부동산실권리자 명의등기에 관한 법률"('부동산실명법')을 제정 · 시행한다.[39] 부동산실명법은 부동산 명의신탁을 원칙적으로 금지한다. 즉 이 법 제3조 제1항은 "누구든지 부동산에 관한 물권을 명의신탁약정에 의하여 명의수탁자의 명의로 등기하여서는 아니된다."고 규정하고, 제4조 제1항은 "명의신탁약정은 무효로 한다."고 규정한다. 나아가 제4조 제2항 본문은 "명의신탁약정에 따라 행하여진 등기에 의한 부동산에 관한 물권변동은 무효로 한다."고 규정함으로써, 부동산 명의신탁을 사법상으로도 원칙적으로 금지하고 있다. 다만 다음과 같은 예외가 인정될 뿐이다.

먼저 부동산실명법이 무효화하는 명의신탁약정에 포함되지 않는 경우가 있다. 즉 ⓐ 채무의 변제를 담보하기 위하여 채권자가 부동산에 관한 물권을 이전받거나 가등기하는 경우, ⓑ 부동산의

38) 이 판례에 대한 평석으로 문용선, "명의신탁이론의 재검토 - 부동산등기특별조치법상의 명의신탁금지의 사법상 효력", 『민사판례연구』 제17집(1995), 61쪽 아래 참고.

39) 당시 김영삼 정부가 추진한 실명제는 두 가지 차원에서 이루어졌다. 첫째는 금융거래를 대상으로 한 금융실명제였고, 둘째는 바로 이 부동산실명제였다.

위치와 면적을 특정하여 2인 이상이 구분소유하기로 하는 약정을 하고, 그 구분소유자의 공유로 등기하는 경우, ⓒ 신탁법 또는 신탁업법에 의한 신탁재산인 사실을 등기한 경우(부동산실명법 제2조 제1호 단서)가 그것이다. 이 세 가지를 명의신탁약정에서 제외한 이유는, ⓐ는 "가등기담보 등에 관한 법률"에 의해 규율되고, ⓑ는 이른바 상호명의신탁이 인정되는 경우이며,[40] ⓒ는 신탁법상 신탁재산이 외부적으로 드러나는 경우여서 굳이 부동산실명법으로 규율할 필요가 없기 때문이다.

나아가 부동산실명법 제8조는 종중과 배우자 사이의 명의신탁에 한해, 이 명의신탁에 조세포탈이나 강제집행 면탈의 목적이 없는 경우에는 그 유효성을 인정하고 있다. 이러한 태도는 부동산 명의신탁이 본래 탈법행위와는 무관하게 형성되었다는 점을 반증한다. 뿐만 아니라, 실제 거래관계에서 탈법행위와는 무관한 부동산 명의신탁이 이루어질 수 있다는 점을 시사하는 것이기도 하다.

한편 - 앞에서도 잠시 본 것처럼 - 계약명의신탁의 경우에도 일정한 예외가 인정된다. 즉 "부동산에 관한 물권을 취득하기 위한 계약에서 명의수탁자가 그 일방당사자가 되고 그 타방당사자는 명의신탁약정이 있다는 사실을 알지 못한 경우"(부동산실명법 제4조 제2항 단서)에는, 비록 계약명의신탁에 따라 이루어지는 부동산 물권변동이라 할지라도 이는 유효하다.[41]

---

40) 상호명의신탁에 관해서는 기본적으로 곽윤직·권오곤, 앞의 책(주26), 535쪽 아래.

41) 그러나 이 경우에도 명의신탁자와 명의수탁자간의 계약명의신탁약정은

마지막으로 명의신탁약정과, 이러한 명의신탁약정에 바탕을 두어 이루어진 부동산 물권변동의 무효는 – 선의 · 악의에 상관없이 – 제3자에게 대항하지 못한다(부동산실명법 제4조 제3항). 따라서 명의수탁자와 거래한 제3자는 유효하게 목적 부동산을 취득할 수 있다. 이러한 예외를 제외한 모든 경우에 부동산 명의신탁은 공법상으로뿐만 아니라, 사법상으로도 정당성과 유효성을 상실한다.

그러나 이러한 부동산실명법의 규율과는 별도로, 과연 부동산 명의신탁을 사법상으로 무효로 하는 것이 정당한 것인지에 대해서 의문이 제기되기도 한다. 가령 부동산실명법 자체를 부동산등기 특별조치법과 마찬가지로 공법적 규율로 이해하면서, 명의신탁은 사법상으로 여전히 유효하다고 보는 견해가 제시된다.[42] 또한 부동산 명의신탁의 유래에 초점을 두어,[43] 명의신탁을 일률적으로 무효로 처리하는 것에 회의적인 태도를 보이는 견해도 있다.[44] 이 문제는 결국 – 법사회학의 측면에서 – 현재 우리사회에서 부동산 명의신탁이 실제적으로 어떻게 운용되고 있는지를 검토해야만 정확하게 판단할 수 있는 문제일 것이다.

무효이다.

42) 김형배, 『민법학강의』 제7판, 신조사, 2008, 620쪽.

43) 부동산 명의신탁은 일제가 1910년대 토지조사사업을 할 때, 종중이 소유한 토지를 등기할 방안을 마련하지 않았기 때문에 등장한 것이라고 한다. 이에 관해서는 곽윤직 · 권오곤, 앞의 책(주26), 511쪽.

44) 양창수, "명의신탁에 대한 규율 재고", 『민법연구』 제6권, 박영사, 2001, 174쪽 아래.

Ⅳ. 부동산 명의신탁의 법률관계

부동산 명의신탁이 어떤 법률관계로 구성되는가 하는 문제도 부동산실명법 시행 전과 시행 후로 나누어 고찰해야 한다. 그리고 부동산 명의신탁의 법률관계도 내부관계와 외부관계로 나누어 법률관계를 분석해야 하고, 이 경우에도 등기명의신탁과 계약명의신탁을 구별하여, 각 차이점에 따라 법률관계의 특성을 살펴보는 것이 필요하다. 이렇게 법률관계를 분석함으로써, 부동산 명의신탁을 어떻게 형법으로 규율할 것인가 하는 문제를 해결하는데 필요한 실마리를 획득할 수 있을 것이다.

1. 부동산실명법 시행 전의 법률관계

내부관계

먼저 등기명의신탁을 기준으로 하여 부동산 명의신탁의 법률관계를 살펴보고, 등기명의신탁과 차이가 나는 경우에 한해 계약명의신탁의 법률관계를 고찰하도록 한다. 우선 내부관계부터 살펴본다. 등기명의신탁의 내부관계는 부동산실명법이 규정하고 있듯이, 명의신탁약정과 부동산 물권변동이라는 이원적 구조로 구성되어 있다. 그러므로 이에 따라 법률관계를 분석할 필요가 있다.

명의신탁약정

부동산 명의신탁의 법률상 원인행위가 되는 명의신탁약정은 기본적으로 민법상 위임(제680조 아래)과 같은 성격을 보인다. 따라서 당사자들 사이의 특약을 통해 본질적인 차이가 드러나지 않는 한, 민법상 위임에 관한 규정은 명의신탁약정에도 적용된다. 여기서 명의신탁약정이 위임과 같은 성격을 보인다는 것은, 명의신탁약정도 명의신탁자와 명의수탁자 사이의 일정한 신뢰관계에 입각하고 있음을 보여준다. 이는 곧 명의신탁약정이 형법 제355조 제1항의 횡령죄가 구성요건으로 하는 '위탁관계'에 해당할 수 있다는 점을 뜻하기도 한다. 이처럼 명의신탁약정이 위임의 성질을 보인다는 점에서, 명의신탁자와 명의수탁자 사이에서는 아래와 같은 법률관계가 형성된다.[45)]

우선 명의수탁자는 명의신탁자에 대해 소유권이전등기를 수취할 의무를 부담한다. 나아가 명의수탁자는, 설사 무상으로 명의신탁약정을 체결할 경우에도, 선량한 관리자의 주의의무로써 신탁 부동산을 관리해야 한다(민법 제681조). 그러므로 명의수탁자가 제3자에게 신탁 부동산을 처분하면, 이는 채무불이행이 되어(민법 제390조), 명의수탁자는 명의신탁자에게 손해배상을 해야 한다(민법 제390조, 제393조). 그리고 명의수탁자는 명의신탁자의 승낙이나 부득이한 사유가 없는 한, 스스로 사무처리를 해야 하고, 이 사무처리의무를 제3자에게 이전해서는 안 된다(민법 제682조). 그밖에 명의수탁자는 명의신탁자가 요구할 경우, 사무의 처리상황을 보고해야 하고, 특히 사무처리를 종료한 때에는 지체없이 그 전말을 보고해야 한다(민법 제683조). 한편 명의신탁자

45) 이에 대한 기본적인 내용은 양창수, 앞의 논문(주29), 108쪽 아래; 양창수, 앞의 논문(주23), 145쪽 아래.

는 명의수탁자가 청구한 경우 사무처리비용을 선급해야 하고, 명의수탁자가 이미 필요한 비용을 지출한 경우에는 지출한 날 이후의 이자를 붙여 이를 상환하여야 한다(민법 제687조, 제688조 제1항). 그리고 명의수탁자가 등기이전 등의 사무처리를 위하여 필요한 채무를 부담한 경우, 명의수탁자는 명의신탁자에게 자신을 대신하여 변제하게 할 수 있다(민법 제688조 제2항). 이밖에도 명의수탁자는 원칙적으로 명의신탁사무를 처리함으로써 받은 금전 기타 물건 및 그 수취한 과실을 명의신탁자에게 인도해야 한다(민법 제684조 제1항). 그리고 명의수탁자가 명의신탁자를 위하여 자기명의로 취득한 권리는 명의신탁자에게 이전해야 한다(제684조 제2항). 다만 명의수탁자는 명의신탁약정을 통해 신탁 부동산과 이와 관련된 각종 권리를 - 외부적으로 - 소유할 권리를 갖게 되므로, 명의신탁약정이 유지되는 한 이에 관련된 권리 등을 명의신탁자에게 이전할 필요는 없을 것이다.

명의신탁자와 명의수탁자의 지위

이러한 명의신탁약정에 따라, 신탁 부동산이 명의수탁자에게 이전되면, 명의신탁자와 명의수탁자는 각각 아래와 같은 권리와 의무를 서로에 대해 부담한다. 먼저 앞에서도 언급하였듯이, 명의신탁자는 3자에 대해 자기명의로 물권적 청구권을 행사할 수 없다. 명의수탁자의 권리를 대위해서만(민법 제404조), 물권적 청구권을 행사할 수 있을 뿐이다. 그렇다 하더라도, 명의신탁자는 목적 부동산을 점유 · 사용 · 수익할 수 있으며(경제적 이익 향유권), 심지어는 제3자에게 목적 부동산을 처분할 수도 있다.[46] 여기서 명의신탁자가 법률행위를 통해 제3자에게 신탁 부동산을 처분할 때, 명의수탁자는 제3자에 대한 등기이전에 협력해야 한다. 등기명의인은 명의신탁자가 아니라 명의수탁자이기 때문이다. 한편 명의신탁약정이 유효하게 존재하는 한, 명의신탁자는 명의수탁자에게 물권적 반환청구권을 행사할 수 없다. 이는 부동산 명의신탁을 신탁행위이론으로써 구성하면, 당연하게 도출되는 결과이다. 판례처럼 명의신탁자에게 내부적 소유권을 인정한다 하더라도, 명의수탁자는 명의신탁약정에 따라 신탁 부동산을 점유한 권한을 가지므로(민법 제213조 단서), 이 경우에도 명의신탁자는 목적물의 반환을 거부할 수 있다. 그러나 여기서 명의수탁자가 점유권에 기해 행하는 점유는 자주점유가 아니라 타주점유이다.[47] 그 이유는, 설사 명의수탁자가 등기명의상 소유권자로 인정된다 하더라도, 명의신탁자와 체결한 명의신탁약정에 따라, 명의수탁자는 자신의 경제적 이익을 위해서가 아니라, 명의신탁자의 경제적 이익을 위해서 점유하는 것이라 할 수 있기 때문이다.[48]

---

46) 이는 다음과 같이 정당화된다. 우선 판례에 따라 내부적 소유권의 당연한 결과로서 정당화된다. 그리고 판례가 취하는 소유권의 관계적 귀속을 부정하는 경우에는, 명의신탁약정을 통해 명의수탁자가 명의신탁자에게 부동산에 대한 처분수권을 유보함으로써, 명의신탁자의 처분행위가 정당화되기도 한다. 이밖에도 표현소유권 도그마틱이나 수동신탁이론에 의해 정당화될 여지도 있다.

47) 확고한 판례의 태도이다. 가령 대법원 1976. 9. 28. 선고 76다594 판결; 대법원 1992. 8. 18. 선고 92다20415 판결; 대법원 1996. 6. 11. 선고 96다7403 판결 등.

48) 그러나 엄밀히 말해, 신탁행위이론에 따라 부동산 명의신탁을 구성한다면, 이 경우에도 자주점유를 인정하는 것이 더욱 논리적일 것이다. 본래 민법상 자주점유란 소유의 의사로 행하는 점유를 말한다. 소유의 의사란 소유권자

이처럼 명의수탁자는 명의신탁약정에 따라 신탁목적의 범위 안에서만 신탁 부동산의 소유권자로서 이 부동산을 점유 또는 관리할 수 있을 뿐이다. 만약 이를 어기고, 제3자에게 목적 부동산을 처분하면, 명의신탁자가 제3자에게 대항할 수 없는 것과는 별로도, 명의수탁자는 명의신탁자에게 채무불이행책임을 져야 한다. 나아가 명의신탁약정이 종료하거나, 해지되었을 경우에, 명의수탁자가 부담해야 하는 소유권이전등기 의무는 소멸시효에 걸리지 않는다. 이는 부동산이 매수인에게 매각되어 인도되었으나, 아직 이전등기를 하지 않은 경우, 매도인에 대한 매수인의 등기이전청구권은 소멸시효에 걸리지 않는다는 대법원 1976. 11. 6. 선고 76다148 전원합의체 판결과 같은 취지이다.[49)50)]

이외에 계약명의신탁에서 명의수탁자는 다음과 같은 지위를 갖는다. 앞에서도 언급하였듯이, 계약명의신탁은 계약체결지위를

로서 점유를 하겠다는 것을 뜻한다. 그런데 여기서 소유의사로 인정받기 위해서는 반드시 점유자가 경제적 이익귀속의사를 갖고 있어야 하는 것은 아니라고 생각한다. 소유의사는 법적인 측면을 보여주는 데 반해, 경제적 이익귀속의사는 경제적인 측면을 반영하는 것이기 때문이다. 그러므로 -신탁행위이론에 따를 때- 명의수탁자가 소유권자인 이상, 비록 그가 명의신탁약정에 따라 일정한 범위 안에서만 목적물을 소유할 수 있다 하더라도, 명의수탁자의 소유는 소유권자의 소유, 즉 '자주점유'라고 보아야 하지 않을까?

49) 이 판결을 "매각되어 인도된 물권의 항변"으로 이론구성 하는 경우로서 곽윤직, 앞의 책(주17), 177쪽 아래; 이 이론의 원형을 담고 있는 논문으로서 곽윤직, "exceptio rei venditae et traditae의 현대적 관용", 『후암민법논집』, 박영사, 1991, 447쪽 아래.

50) 양창수 교수는 이러한 취지를 소유권등기와 이익향유간의 분리를 극복하기 위한 것이라고 설명한다. 이는 바꿔 말해, 법적인 귀속주체와 경제적인 이익귀속주체가 단절되지 않도록 하려는 것이라고 이해할 수 있다. 양창수 교수의 설명에 관해서는 양창수, 앞의 논문(주29), 106-107쪽 참고.

명의신탁자가 명의수탁자에게 위탁하는 것이다. 따라서 계약명의신탁에서 명의수탁자는 자기의 명의로 제3자와 법률행위를 할 수 있다. 또는 실제로는 명의신탁자가 제3자와 부동산 매매계약을 체결하는 경우라 하더라도, 명의신탁자가 명의수탁자와 계약명의신탁 약정을 맺은 때에는, 제3자에 대한 계약의 직접 당사자는 명의신탁자가 아니라, 명의수탁자가 된다. 이러한 점에서, 계약명의신탁은 본인의 이익을 위하여 본인의 명의로 법률행위를 하는 대리행위와는 구별된다.

외부관계

부동산 명의신탁의 외부관계는 크게 네 가지 측면에서 검토해야 한다. 우선 외부관계에서 명의수탁자는 어떤 지위를 갖는가? 다음 가장 전형적인 문제로서, 명의수탁자가 명의신탁약정에 위반하여 제3자에게 신탁 부동산을 처분하였을 경우, 그 처분의 효력은 어떠한가? 나아가 명의신탁자가 자신의 처분권한에 따라 제3자와 신탁 부동산의 양도를 목적으로 하는 - 가령 매매계약과 같은 - 법률행위를 하였을 경우, 제3자는 명의수탁자로부터 직접 등기를 이전받을 수 있는가? 또한 명의수탁자가 이 의무를 이행하지 않을 경우, 제3자는 명의수탁자의 의무이행을 강제할 수 있는가(민법 제389조)? 마지막으로 계약명의신탁에서 명의수탁자가 계약자로서 제3자와 부동산 매매계약을 체결하고 부동산의 소유권을 이전 받았다면, 이 법률행위의 효력은 어떠한가?

첫째, 명의수탁자는 대외적으로 어떤 지위에 놓이는가? 이에 관해, 판례는 소유권의 관계적 귀속이론에 따라 명의수탁자는 외부적 소유권을 취득한다고 말한다.[51] 신탁행위이론에 의하더라도, 명의수탁자는 신탁 부동산에 대한 소유권을 취득한다. 그러므로 명의신탁자의 일반 채권자들은 신탁 부동산에 대해 강제집행을 할 수 없다. 뿐만 아니라, 이러한 명의신탁자의 일반 채권자들이 신탁 부동산에 대해 강제집행을 하는 경우에는, 명의수탁자는 제3자 이의의 소를 제기할 수 있다(민사소송법 제509조).[52] 이에 반해, 명의수탁자의 일반 채권자들이 신탁 부동산에 강제집행을 할 때, 명의신탁자는 자신이 진정한 소유권자라는 이유로 제3자 이의의 소를 제기할 수 없다.

둘째, 명의수탁자가 명의신탁약정에 위반하여, 제3자에게 신탁 부동산을 처분한 경우, 그 처분의 효력은 어떠한가? 제3자는 유효하게 신탁 부동산의 소유권을 취득하는가? 여기서 제3자는 선의 · 악의를 불문하는가? 이에 대해 판례는 확고하게 제3자는 선의 · 악의를 불문하고 유효하게 신탁 부동산의 소유권을 취득한다고 말한다.[53] 그러므로 판례에 따를 때, 설사 제3자가 자신의 거래 상대방이 명의수탁자에 불과하다는 점을 알면서 거래를 했다 하더라도, 제3자는 이에 상관없이 목적물을 유효하게 취득한다.

---

51) 그러나 표현소유권이론에 따르면 명의수탁자는 표현소유권만을 취득하는 것에 지나지 않고, 수동신탁이론에 의하면 명의수탁자는 등기명의만을 갖는 것에 지나지 않기 때문에, 이 두 이론에 따르면 명의수탁자는 소유권자로 취급받을 수 없다.

52) 대법원 1971. 4. 23. 선고, 71다225 판결 참고.

53) "수탁자가 신탁자의 승낙 없이 신탁재산을 처분한 때에도, 그 제3취득자는 그 목적물이 신탁재산인가 여부에 대한 선의·악의를 묻지 않고 신탁재산에 대한 소유권을 적법히 취득한다." 대법원 1959. 1. 15. 선고 4290민상667 판결.

이러한 결론은 신탁행위이론에 따라 명의수탁자의 지위를 설명할 때도 마찬가지라 할 수 있다. 오히려 이러한 신탁행위이론을 원용하여 이론을 구성하는 것이 더욱 논리적이라고 할 수 있다.[54)]

그러나 이렇게 선의의 제3자뿐만 아니라, 악의의 제3자까지 보호하는 판례의 태도에 대해서는 비판이 제기되기도 한다.[55)] 비판의 주된 요지는, 명의신탁약정이 체결된 것을 알면서도 목적 부동산을 명의수탁자로부터 매수하는 것은 법감정에 맞지 않는다는 것이다. 또한 이에 대해서는, 선의의 제3자만을 보호하려는 민법의 기본태도와 맞지 않는다는 비판도 제기된다.[56)] 그렇지만 이러한 판례의 기본 태도는 후에 부동산실명법이 제정될 때도 그대로 반영되었다(부동산실명법 제4조 제3항).[57)] 물론 악의의 제3자가 언제나 보호받는 것은 아니다. 판례는 부동산 이중매매의 경우처럼, 제3자가 명의수탁자의 처분행위에 적극적으로 가담한 경우에는, 이러한 처분행위는 민법 제103조에 속하여 무효라고 하기 때문이다.[58)]

---

54) 같은 견해로서 곽윤직·권오곤, 앞의 책(주26), 527쪽.

55) 대표적으로 배석, "부동산의 선의취득자 보호", 『법조』 제31권 제8호(1982. 8), 1쪽 아래.

56) 가령 민법 제107조에서 제109조 등이 규정하는 선의의 제3자 보호 그리고 민법 제249조가 규정한 선의취득제도, 민법 제125조에서 제129조 등이 규율하는 표현대리제도 등을 언급할 수 있다.

57) 이러한 부동산실명법의 입법태도에 대해서도 비판이 제기되었다. 가령 김상용, "부동산실명법 규정의 제모순점", 『고시계』(1997. 2); 한편 이러한 비판에 대해, 부동산실명법 제정에 관여한 바 있는 양창수 교수는 "종전의 판례상 악의의 제3자에 대한 처분도 유효하다고 인정되고 있었으므로, 새삼 신탁자를 그 이상으로 보호할 필요가 없다."는 설명으로써, 이 규정을 옹호하고 있을 뿐이다. 양창수, 앞의 논문(주29), 124쪽.

58) 대법원 1979. 7. 24. 선고 79다942 판결 참고.

셋째, 명의신탁자가 매도인으로서 제3자와 신탁 부동산에 대한 매매계약을 체결하여, 신탁 부동산을 처분하기로 하였다면, 제3자는 등기명의인인 명의수탁자로부터 직접 이전등기를 받을 수 있는가? 명의수탁자가 명의신탁자와 명의신탁약정을 맺을 때, 명의신탁자에게 처분권한을 유보한 이상, 명의수탁자는 등기이전의무를 부담한다고 해석해야 한다. 만약 이를 부정하면, 명의신탁자가 지닌 처분권한은 아무런 쓸모가 없기 때문이다. 그러므로 이 경우 명의수탁자가 등기이전의무를 이행하지 않는다면, 제3자는 강제이행을 청구할 수 있다(민법 제389조).

넷째, 계약체결지위를 신탁 받은 계약명의수탁자가 매수인이 되어 제3자인 매도인과 부동산 매매계약을 체결하고, 소유권이전등기를 경료 받았다면, 이 채권행위와 물권행위의 효력은 어떤가?[59] 우선 명의수탁자는 계약명의신탁 약정을 통해 명의신탁자

59) 민법학에서 채권행위와 물권행위의 개념적 구별에 관해서는 곽윤직, 앞의 책(주17), 80쪽 아래; 김증한, "물권행위론", 『민법논집』, 박영사, 1980, 1쪽 아래 등 참고; 한편 과거 민법학에서는 이러한 채권행위와 물권행위에 관해, '물권행위의 독자성·무인성' 논의가 첨예하게 전개되었다. 이 논쟁에 관해서는 우선 이은영, "물권행위에 관한 이론적 논쟁", 『이영준 박사 화갑기념논문집』, 박영사, 1999, 215쪽 아래; 그러나 지난 세기의 90년대 중반 이후 종래의 물권행위 독자성 논의와는 다른 각도에서 물권행위의 독자성을 바라보려는 견해가 제시되었다. 이 견해는 물권행위가 동시에 이루어지느냐, 아니면 다른 시점에 이루어지느냐가 물권행위의 독자성 논의가 아니라, 물권행위 개념을 법률행위의 독자적인 개념으로 이해할 것인가 하는 문제가 바로 물권행위의 독자성 문제라고 파악한다. 따라서 이 견해에 따르면, 물권행위의 독자성을 부인하는 곽윤직 교수의 견해도, 그 자신이 물권행위 개념은 인정하므로, 물권행위의 독자성을 긍정하는 결론이라고 이해할 수 있게 된다. 이에 관해서는 양창수, "한국 민사법학 50년의 성과와 21세기적 과제", 『민법연구』 제4권, 박영사, 1997, 15쪽 아래; 또한 최근 윤진수 교수 역시 물권행위에 대한 새로운 견해를 제시하였다. 이에 관해서는 윤진수, "물권행위 개념에 대한 새

로부터 계약체결지위를 신탁 받았으므로, 유효하게 제3자와 매매계약을 체결할 수 있다. 그러므로 채권행위인 매매계약은 유효하다. 그리고 명의수탁자가 명의신탁자와 체결한 계약명의신탁 약정에는 물권적 권한까지 포함되어 있다고 해석해야 한다. 그렇게 해야만, 명의수탁자가 제3자와 매매계약을 체결한 후, 명의신탁자를 거치지 않고 직접 목적 부동산의 등기명의를 이전 받을 수 있기 때문이다. 결국 명의수탁자가 제3자와 매매계약을 체결하여 부동산을 매수하였을 경우, 매매계약은 유효하고, 이 매매계약은 명의수탁자와 제3자간의 물권행위에 대해 정당한 원인이 되며, 명의수탁자는 물권행위에 대한 권한을 갖고 있으므로, 명의수탁자는 유효하게 목적 부동산을 취득한다.

2. 부동산실명법 시행 후의 법률관계

그러나 1995년부터 시행된 부동산실명법은 부동산 명의신탁을 기본적으로 무효화하고 있다. 이 때문에, 종래 부동산 명의신탁의 유효성을 전제로 하여 전개된 법률관계는 불가피하게도 변경될 수 밖에 없다.

내부관계

(a) 부동산실명법 제2조 제1호 단서가 규정하고 있는 예외에 속

로운 접근", 『민법논고Ⅱ』, 박영사, 2008, 324쪽 아래; 이와는 달리, 이제는 더 이상 물권행위 개념을 유지할 필요가 없다는 견해를 제시하는 문헌으로 명순구 외, 『아듀 물권행위』, 고려대학교출판부, 2006 참고.

하지 않는 한, 명의신탁약정은 원칙적으로 무효이다(부동산실명법 제4조 제1항). 따라서 명의수탁자가 명의신탁자에 대해 부담하던 부동산 관리의무는 사라진다. 뿐만 아니라, 명의신탁약정을 법률상 원인으로 하여 이루어진 부동산 물권행위 역시 무효이다(부동산실명법 제4조 제2항). 이는 물권행위의 유인성을 인정하고 있는 판례 그리고 지배적인 학설의 태도를 수용한 것이다.[60] 이렇게 명의신탁약정과 이에 기초를 둔 물권변동이 무효가 됨으로써, 명의수탁자와 명의신탁자는 부당이득반환관계에 놓인다(민법 제741조).[61] 그러므로 특히 명의수탁자는 자신이 관리하고 있던 부동산과 이 부동산의 등기명의를 명의신탁자에게 반환해야 한다. 한편 명의수탁자가 명의신탁약정을 통해 명의신탁자로부터 일정 정도의 보수를 받았다면, 이를 명의신탁자에게 반환해야 한다. 또한 부동산실명법 제4조 제2항에 의해 부동산 물권변동 자체가 무효이므로, 명의신탁자는 물권적 청구권을 행사하여(민법 제213조), 신탁 부동산의 반환을 청구할 수도 있다.

그런데 이에 관해, 부동산실명법 제4조에 의한 무효는 민법 제103조와 같이 반사회적 행위에 따른 무효이므로, 이는 곧 민법 제746조의 불법원인급여에 해당하고, 따라서 명의신탁자는 명의수

60) 양창수, 앞의 논문(주29), 112쪽.

61) 이는 부당이득반환관계 중에서 급부부당이득 반환관계에 속한다고 말할 수 있다. 왜냐하면, 이 경우 법률상 원인은 명의신탁약정이라 할 수 있는데, 이 명의신탁약정이 무효로 되면서 법률상 원인이 사라졌기 때문이다. 이러한 급부부당이득반환을 포함한 부당이득 일반에 관해서는 양창수, 『일반부당이득법에 관한 연구』, 서울대 법학박사 학위논문, 1987; 김형배, 『사무관리·부당이득』, 박영사, 2003, 57쪽 아래 참고.

탁자로부터 부당이득반환청구, 아울러 물권적 청구권을 행사할 수 없다는 견해가 제시된다.[62] 이 견해는 특히 부동산실명법 제1조가 규정하는 규범목적 중에서 "(…) 부동산등기제도를 악용한 투기·탈세·탈법행위 등 반사회적 행위를 방지하고 (…) "(강조는 인용자)라는 문언을 들어, 부동산 명의신탁이 불법원인급여라고 이해한다.

이 견해는 민법 제103조가 규정하는 "선량한 풍속 기타 사회질서에 위반한 사항을 내용으로 하는 법률행위는 무효로 한다."와 민법 제746조가 규정하는 "불법의 원인으로 인하여 재산을 급여하거나 노무를 제공한 때에는 그 이익의 반환을 청구하지 못한다." 그리고 부동산실명법 제1조가 규정하는 '반사회적 행위'를 문법적으로 서로 연결하여 논증한다는 점에서, 일단 수긍할 만한 것이기도 하다. 일종의 문법적·체계적 해석이라 할 수 있다.[63] 그렇지만 이렇게 문법적·체계적 해석만으로 부동산실명법을 해석하면, 부당한 결과가 발생할 수 있다. 예를 들어, 부동산 명의신탁자는 탈세 등의 목적을 달성하기 위해 명의신탁약정으로써 명의수탁자에게 목적 부동산의 등기를 이전한 것만으로, 신탁 부동산을 명의수탁자에게 넘겨주어야 하는 결과가 발생한다.[64] 만약 이렇게 새긴다면, 이는 우리 헌법이 보장하고 있는 재산권을 현저

62) 우선적으로 김상용, 앞의 논문(주57), 80쪽.

63) 법해석론 일반에 관해서는 우선 K. Larenz, Methodenlehre der Rechtswissenschaft, 6. Aufl., Berlin usw. 1991, S. 312 ff.

64) 부동산실명법 제4조의 명의신탁약정이 민법 제746조의 불법원인에 해당하면, 명의신탁자는 명의수탁자에 대해 부당이득 반환청구권이나 물권적 청구권을 행사할 수 없기 때문이다.

하게 침해하는 것이 된다(헌법 제23조 제1항).[65] 다시 말해, 위와 같이 부동산실명법을 해석함으로써 명의신탁자가 명의신탁 부동산을 반환 받을 수 없다고 본다면, 이는 기본권제한 도그마틱인 비례성 원칙(헌법 제37조 제2항) 가운데서도 좁은 의미의 비례성 원칙을 위반하는 것이라고 말할 수 있다.[66] 왜냐하면, 부동산실명법을 통해 달성하려는 공익보다,[67] 부동산실명법을 통해 침해되는 명의신탁자의 사익이 더욱 크기 때문이다.[68] 부동산실명법을 통해 달성하려는 공익은, 부동산 명의신탁을 굳이 불법원인급여로 인정하지 않아도 다른 방법을 통해 달성할 수 있을 것이다.[69]

이러한 실제적 이유 때문에, 그 동안 민법 제103조에서 말하는 '반사회질서 행위'와 민법 제746조에서 말하는 '불법원인급여'의 범위를 달리 파악하려는 시도가 민법학 안에서 전개되었다는 점

---

65) 헌법상 재산권 일반에 대해서는 우선 장영수, 『헌법학』 제4판, 홍문사, 2009, 747쪽 아래.

66) 비례성 원칙에 관해서는 로베르트 알렉시, 이준일 (옮김), 『기본권이론』, 한길사, 2007, 146쪽 아래; 이준일, 『헌법학강의』 제3판, 홍문사, 2008, 415쪽 아래 등 참고.

67) 여기서 공익이란, 부동산실명법 제1조가 규정하고 있는 것처럼, "(…) 부동산에 관한 소유권 기타 물권을 실체적 권리관계에 부합하도록 실권리자 명의로 등기하게 함으로써 부동산등기제도를 악용한 투기·탈세·탈법행위 등 반사회적 행위를 방지하고 부동산거래의 정당화와 부동산가격의 안정을 도모하여 국민경제의 건전한 발전에 이바지"하는 것이라고 할 수 있다; 한편 '공익' 개념 일반에 관해서는 우선 최송화, 『공익론』, 서울대학교출판부, 2002; 양천수, "공익과 사익의 혼융현상을 통해 본 공익 개념 - 공익 개념에 대한 법사회학적 분석 - ", 『공익과 인권』 제5권 제1호(2008. 2), 3-29쪽; 이상돈, 『공익소송론』, 세창출판사, 2007 등 참고.

68) 명의신탁자는 자신의 재산권을 완전히 박탈당하게 된다.

69) 가령 부동산 명의수탁자에게 재산권 취득이라는 이익을 부여하기보다는, 일정한 법적 제재를 가하는 것이 더욱 효과적일 수 있다.

은 주지의 사실이다.[70] 가령 판례가 전개한 '불법비교론'이나, 민법 제746조가 규정하는 '불법원인'을 민법 제103조가 규정하는 '반사회질서 행위'보다 좁게 설정하려는 논의는, 모두 제103조와 제746조를 문법적 · 체계적으로 해석할 때 나타날 수 있는 부당한 결과를 시정하기 위해 등장한 것이다. 이러한 측면에서 볼 때, 부동산실명법 제1조가 부동산 명의신탁을 '반사회적 행위'로 규정하고 있다고 해서, 이를 곧바로 '불법원인'으로 이해하려는 것은 다소 성급한 해석이지 않나 생각한다. 굳이 '법해석학'(juristische Hermeneutik)의 성찰을 원용하지 않더라도,[71] 부동산실명법을 꼭 문법적 · 체계적으로만 해석해야 하는 것은 아니다. 다른 해석규칙, 예를 들어 목적론적 해석을 원용하여 부동산실명법을 해석할 수도 있는 것이다. 특히 일정한 법정책적 · 경제정책적 목적을 달성하기 위해, 당해 법규정의 의미내용을 목적론적으로 축소하여 해석하는 목적론적 축소해석을 사용할 수도 있는 것이다. 그런데 위에서 살펴본 것처럼, 부동산실명법은 목적론적으로 축소해석해야 할 필요가 있는 법률이다.

---

70) 이에 관해서는 우선 송덕수, "민법 제746조의 적용에 있어서 불법성의 비교", 『민사판례연구』[XⅧ], 박영사, 1996, 316-349쪽; 명순구, "불법원인급여에 관한 민법 제746조의 규범의미 - 일본법이론 답습으로부터의 탈피와 새로운 시각의 모색 - ", 『한일법학연구』 제16권(1997. 12), 3-26쪽 등 참고.

71) 법해석학에 관해서는 먼 H.-G. Gadamer, Wahrheit und Methode, T·bingen 1975; 한스 인아이헨, 문성화 (옮김), 『철학적 해석학』, 문예출판사, 1998; 이상돈, 『새로 쓴 법이론』, 세창출판사, 2005, 201쪽 아래; 양천수, "철학적 해석학과 법해석학 - 해석학의 법철학적 수용과 관련한 시론 - ", 『동아법학』제44호(2009. 8), 1-35쪽; 양천수, 『해석학의 법철학적 수용』, 고려대 법학석사 학위논문, 2000 등 참고.

그렇다면 어떻게 이를 목적론적으로 축소해석 할 것인가?[72] 이를 위해서는 우선 민법 제746조의 입법취지를 살펴볼 필요가 있다. 그러나 이 작업은 로마법까지 소급해 올라가야 하는 방대한 작업이 될 것이다.[73] 이는 이 글의 취지에 적합하지 않으므로, 제746조에 관해 필자가 품고 있는 약간의 단상만을 말하는 것으로 그치려 한다. 우선 필자는 이 문제를 해결하기 위한 이론적 전제로서 독일의 사회철학자 하버마스(J. Habermas)의 '이원적 사회이론'(zweistufige Gesellschaftstheorie)을 원용하고자 한다.[74] 하버마스가 1981년에 출간한 자신의 대표작 『의사소통행위이론』(Theorie des kommunikativen Handelns) 제2권에서 제안한 이원적 사회이론은 '국가 - 사회 이원론'이나 '토대 - 상부구조론'처럼, 전체 공동체를 '생활세계'(Lebenswelt)와 '체계'(System)로 이원화한다. 하버마스에 따르면, 사회가 진화하면서, 전체 사회는 생활세계와 체계로 분화한다.[75] 현상학자 훗설 (E. Husserl)로 거슬러 올라가는 생활세계는 - 하버마스에 따르면 - 인격, 문화, 시민사회로 구성되는 영역(혹은 공동체구성 메커니즘)으로서, "문화를 통해 전승되

72) 목적론적 축소해석에 관해서는 김영환, 『법철학의 근본문제』, 홍문사, 2006, 289쪽 아래 참고.

73) 이에 대해서는 우선 김형배, 앞의 책(주61), 130쪽 아래 참고.

74) 하버마스의 이원적 사회이론에 대한 개관으로는 이상돈·홍성수, 『법사회학』, 박영사, 2000, 108쪽 아래; 이상돈, 『기초법학』, 법문사, 2008, 단락번호[2] "법과 대화이론"; 양화식, "생활세계, 체계 그리고 법 -하버마스의 『의사소통행위이론』을 중심으로- ", 『법철학연구』 제11권 제2호(2008. 12), 329-360쪽 등 참고.

75) J. Habermas, Theorie des kommunikativen Handelns, Bd. 2, Frankfurt/M. 1981, S. 230.

고 언어를 통해 조직된 해석준거틀의 저장소"이다.[76] 생활세계는 '참여자 관점'과 관련을 맺는 영역으로서, 참여자들이 상호이해를 지향하는 의사소통행위를 수행하는 데 필요한 배후근거가 된다. 이러한 생활세계는 "말하는 사람과 듣는 사람이 만나 자신들의 진술이 세계에 합당한 것이라고 주장할 수 있는 장소이며, 그들이 그러한 타당성의 주장들을 비판하고 확증하는 장소"라고 할 수 있다.[77] 이처럼 생활세계에서는 '언어'가 매체로서 작동한다. 이와 달리 사회학자 파슨스(T. Parsons)로 거슬러 올라가는 체계는 목적합리성 또는 기능적 합리성이 지배하는 영역이다. 하버마스는 이 체계를 관찰자 관점과 연결하는데, 상호이해를 지향하는 언어가 매체로 작동하는 생활세계와는 달리, 체계에서는 권력이나 자본이 매체로 작동한다. 이 점이 시사하듯이, 정치체계와 경제체계가 현대 사회의 가장 대표적인 체계로 자리매김한다. 독일의 사회학자 퇴니스(F. T·nnies)의 '공동사회'(Gemeinschaft)와 '이익사회'(Gesellschaft) 또는 독일의 공법학자 포르스트호프(E. Forsthoff)의 '지배영역'(beherrschter Raum)과 '기능영역'(effektiver Raum)을 현대적으로 발전시킨 생활세계-체계 이원론은 무엇보다도 현대 사회국가에서 발생하고 있는 각종 사회적 병리현상이나 근대화의 역설을 해명하는 데 도움을 준다.[78] 뿐만 아니라, 이 구상은 민법을 포

---

76) J. Habermas, 위의 책(주76), S. 189; 번역은 이상돈 · 홍성수, 앞의 책(주74), 113쪽을 따랐다.

77) 이상돈 · 홍성수, 앞의 책(주74), 113쪽.

78) '공동사회'와 '이익사회'에 관해서는 F. T nnies, Gemeinschaft und Gesellschaft, 4., unveränderte Aufl., Darmstadt 2005; '지배영역'과 '기능영역'에 관해서는 E. Forsthoff, Verwaltung als Leistungsträger, Stuttgart/Berlin 1938, S. 4 ff.; 이를 간략하

함한 법의 관할영역을 이론적으로 설명하는 데도 도움을 준다.[79] 물론 이를 위해서는 이 구상을 좀 더 보완해야 할 필요가 있다. 왜냐하면, 하버마스는 1992년에 출간한 법철학 저서 『사실성과 타당성』(Faktizität und Geltung)에서 자신이 교수자격취득 논문에서 다룬 공론장(Öffentlichkeit) 개념을 복원하면서, 이를 생활세계와 체계 사이에 놓기 때문이다.[80] 이에 따르면, 전체 사회공동체는 〈 생활세계 // 공론장 // 체계 〉로 삼분화할 수 있다.[81] 만약 우리가 하버마스의 틀에 따라 각종 법의 관할영역을 설명하고자 한다면, 이렇게 삼분화된 틀에 따라 해당 법의 관할영역을 바라볼 필요가 있다.

그렇다면 이러한 이원적 사회이론이 부동산실명법을 목적론적으로 축소해석 하는데, 아울러 민법 제103조와 제746조의 관계를 해명하는 데 어떻게 기여할 수 있을까? 이에 대해서는 다음과 같

게 소개하는 양천수, "생존배려 개념의 기원 -법철학의 시각에서 본 포르스트호프(E. Forsthoff)의 사회보장법체계- ", 『영남법학』 제26호(2008. 4), 116-117쪽 참고.

79) 이러한 예로서 이상돈, 『형법학』, 법문사, 1999, 단락번호[10] "책임의 개인적 귀속과 형법적 행위영역의 유형화", 332쪽 아래; 양천수 · 이동형, "문화와 법체계 그리고 비교법학 -민법상 거래안전의무를 예로 하여- ", 『민족문화논총』 제36집(2007. 9), 121-152쪽; 양천수, "전문법의 책임으로서 환경책임과 환경민사책임-환경책임에 대한 법이론적 · 법사회학적 접근-", 『환경법연구』 제29권 제3호(2007. 12), 259-291쪽 등 참고.

80) 위르겐 하버마스, 한상진 · 박영도(공역), 『사실성과 타당성』, 나남출판, 2001, 448쪽.

81) 그러므로 엄밀하게 말하면, 이제 하버마스의 사회이론은 이원적 사회이론이 아니라, 삼원적 사회이론이라고 지칭해야 한다. 그러나 이 글에서는 하버마스가 원래 제안했던 구상을 존중해서 '이원적 사회이론'이라는 용어를 사용하기로 한다. 다만 이렇게 이원적 사회이론이라고 지칭한다 하더라도, 여기에는 생활세계와 체계뿐만 아니라, 공론장도 포함되어 있다고 보아야 한다.

이 말할 수 있다. 먼저 민법 제746조가 적용되는 대표적인 경우로서 무엇을 언급할 수 있을지 생각해 보아야 한다. 이에 대해서는 보통 부첩계약이나 도박계약 그리고 매매춘계약 등을 들 수 있을 것이다. 이들 경우는 민법 제103조와 제746조가 동시에 적용되는 전형적인 경우라 할 수 있다. 그런데 이러한 예들에서 전형적으로 찾아볼 수 있는 특징은, 이러한 예들이 '생활세계'와 밀접한 관련을 맺는다는 점이다. 즉 이러한 예들의 불법성이 '생활세계'를 살아가는 일상시민들에 의해 통상적으로 인정되고 있다는 점이다. 아울러 – 부첩계약이나 매매춘계약 등에서 찾아볼 수 있는 것처럼 – 이러한 예들은 계약 상대방을 철저하게 도구화하여 헌법이 보장하는 인간의 존엄성을 훼손하거나(헌법 제10조), 혹은 계약 상대방이 지닌 헌법상 기본권을 철저하게 침해함으로써 생활세계 자체를 파괴할 수 있다. 그러므로 이러한 예들을 한편으로는 민법 제103조로 무효화하면서도, 다른 한편으로는 민법 제746조를 통해 불법원인급여로 보아 부당이득반환청구를 못하게 하는 것은 어느 정도 설득력이 있어 보인다.

하지만 부동산 명의신탁은 이들 경우와는 여러 면에서 차이를 보인다. 우선 부동산 명의신탁은 이미 일제시대 때부터 인정된 것이어서, 일상 시민들에 의해 그 불법성이 자명하게 인정되고 있는 것은 아니다. 오히려 그 동안의 상황을 보면, 부동산 명의신탁이 통상적인 것으로서 행하여져 온 것 같이 보이기도 한다. 뿐만 아니라, 부동산 명의신탁이 인간을 대상화하거나, 다른 상대방의 기본권을 침해하는 것도 아니다. 그렇다고 부동산 명의신탁 자체가 인간의 존엄을 침해하는 것도 아니다. 물론 부동산 명의신탁이 투기목적으로 악용되어, 궁극적으로는 '빈익빈 부익부' 현상을 촉진하고, 사회적 약자의 주거권을 현저하게 훼손한다면, 부동산 명의신탁의 불법성은 부첩계약이나 매매춘계약과 동등한 선상까지 올라갈 수 있을지 모른다. 그렇지만 이러한 현상이 현재 이루어지고 있는 부동산 명의신탁 거래 전체에서 볼 때, 압도적인 다수를 차지하고 있다고 말하기는 어렵다. 오히려 부동산 명의신탁을 무효화하는 이유는, 부동산 소유의 실체관계와 등기부상의 절차관계를 일치시킴으로써, 부동산 거래관계를 투명하게 하고, 이를 통해 국가의 조세수입을 증대시키려는 데 있다고 볼 수 있다. 물론 조세수입은 국가 자신을 위한 것이 아니라, 전체 사회의 공익 증진을 위한 것이라고 볼 수 있으므로, 조세수입이라는 목적에 정당성과 필요성을 인정할 수 있을 것이다. 하지만 그렇다고 하더라도, 부동산 명의신탁의 불법성과 부첩계약 등의 불법성을 같은 것이라고 볼 수는 없다고 생각한다. 전자는 국가가 일정한 정책적 목적을 달성하기 위해 새롭게 창설한 불법성이라면, 후자는 생활세계 속에서 역사적으로 전승되어 온 불법성이라고 볼 수 있기 때문이다. 이원적 사회이론의 관점에서 보면, 전자의 불법성은 '경제체계'와 관련을 맺는데 반해, 후자의 불법성은 '생활세계'와 관련을 맺기 때문에, 양자는 구별해야 한다. 그러므로 양자는 다른 차원에서 다루어야 한다. 이렇게 볼 때, 생활세계 안에서 그 불법성이 자명하게 인정되는 민법 제746조의 '불법원인'을, 경제체계와 관련을 맺는 부동산실명법에 그대로 적용할 수는 없다고 생각한다. 부동산실명법이 금지하는 부동산 명의신탁에 대해서는, 민법 제746조가 규정하는 불법원인을 목적론적으로 축소해석 하여, 부동산 명의신탁이 불법원인급여에 해당하지 않는다고 보아야 한다. 따라서 부동산실명법 제4조가 규정하는 무효는, 민법 제746조가 규정한 불법원인에 기인한 것이라 볼 수 없다. 결국 부동산실명법 제4조를 해석할 때, 불법원인급여는 적용되지 않는다고 보아야 한다.[82] 그러므로 부동산 명의수탁자는 부동산실명법 제4조 제1항 및 제2항에 의거, 신탁 부동산을 명의신탁자에게 반환해야 한다.

(b) 위와 같은 결론은 계약명의신탁에서도 마찬가지라고 보아야 한다. 다만 여기서 계약명의신탁이 등기명의신탁과 비교할 때 차이가 나는 것은, 계약명의신탁자는 계약명의수탁자가 제3자로부터 취득한 부동산 그 자체를 반환 받을 수 있는 것은 아니라는 점이다. 그 대신 계약명의신탁자는 자신이 매매대금으로 계약명의수탁자에게 지급한 금전 등을 반환 받을 수 있을 뿐이다.[83] 그렇다면 그 이유는 무엇인가? 문제에 대한 해결점은, 계약명의신탁약정이 계약명의수탁자와 제3자 사이에서 이루어진 부동산 물권변동의 법률상 원인이 되는가에 달려 있다. 결론적으로 말해, 이는 부정하는 것이 타당하다. 오히려 법률상 원인은 제3자와 계약명의수탁자 간에 체결된 매매계약으로 보아야 한다.[84]

---

82) 같은 견해로서 양창수, 앞의 논문(주29), 115-122쪽 참고.

83) 이 점에 대한 상세한 논의는 양창수, 앞의 논문(주23), 155쪽 아래.

84) 이는 궁극적으로 민법상 '법률상 원인'을 어떻게 이해할 것인가와 관련을 맺는 문제라고 할 수 있다. 이는 별도로 고찰할 필요가 있는 어려운 문제이

한편 이에 관해 다음과 같은 반론을 제기할 수 있을지도 모른다. 계약명의수탁자가 계약명의신탁자로부터 받은 매매대금 등을 부동산 매수대금으로 이미 소비하였고, 현재는 목적 부동산만 남아있을 뿐, 다른 현존이익은 존재하지 않는다고 하자. 이 경우 원칙적으로 계약명의수탁자는 목적 부동산을 원소유자(제3자)에게 반환하고, 그로부터 매매대금을 부당이득으로 반환받은 다음, 다시 이를 계약명의신탁자에게 돌려주어야 한다. 그런데 이 경우에 계약명의신탁자는 이러한 거추장스러운 방법 대신에, 계약명의수탁자가 취득한 부동산에 대해 대상청구권을 행사하여 목적 부동산을 취득할 수도 있다는 것이다.[85] 그러나 이러한 주장 역시 설득력이 부족하다. 판례가 인정한 대상청구권 도그마틱에 따르면, 대상청구권이 성립하려면 그 전제로서 이행불능관계가 성립해야 한다. 이 때 이행불능은 약정채권관계를 통해서 발생할 수 있을 뿐만 아니라, 취득시효(민법 제245조)와 같은 법정채권관계를 통해서도 발생할 수 있다. 그렇다면 위와 같은 경우 이행불능이 발생했다고 말할 수 있을까? 일단 부동산실명법 제4조 제1항에 따라 계약명의신탁 약정이 무효가 되므로, 이에 따라 계약명의신탁자와 계약명의수탁자 사이에 부당이득반환관계라는 법정

다. 법률상 원인에 관한 일반적인 논의는 G. Kegel, 정옥태(역), "의무부담과 처분", 『황적인 박사 화갑기념 논문집』, 박영사, 1990, 874쪽 아래.

85) 우리 민법은 대상청구권을 실정법상 명문으로 규정하고 있지는 않지만, 이미 판례뿐만 아니라, 다수 견해는 이를 확고하게 인정하고 있다. 예를 들어, 대법원 1992. 5. 12. 선고 92다4581 · 4598 판결 등 참고; 이러한 대상청구권에 관해서는 우선적으로 송덕수, "대상청구권", 『민사판례연구』[XVI], 박영사, 1994, 19-50쪽 참고.

채권관계가 성립한다. 그렇지만 계약명의수탁자가 계약명의신탁자에 대해 부담하는 의무는 금전반환의무이다. 민법상 금전채무에 대해서는 이행불능이 성립하지 않는다(민법 제397조 제2항). 따라서 대상청구권의 전제요건이 충족되지 않는다. 설사 이행불능을 인정할 수 있다 하더라도, 계약명의수탁자가 취득한 부동산은 계약명의신탁 약정에 따른 결과의 '대상'으로서 취득한 것이 아니라, 계약명의수탁자가 제3자와 체결한 매매계약의 결과로서 취득한 것이라고 주장할 수도 있다.[86] 결론적으로 말해, 부동산실명법 제4조에 따라 계약명의신탁이 무효가 되면, 계약명의수탁자는 계약명의신탁자에게 매매대금 등을 금전으로 반환하는 것으로 족할 뿐이다.

외부관계

(a) 부동산 명의신탁의 외부관계는 부동산실명법 제4조 제3항이 규율한다. 이에 따르면, 부동산 명의신탁의 무효는 제3자에게 대항하지 못한다. 여기서 제3자란 선의 · 악의를 불문한다. 그러므로 제3자가 자신의 거래상대방이 부동산 명의수탁자라는 점을 알면서 신탁 부동산을 취득하였다 하더라도, 제3자는 유효하게 이 부동산의 소유권자가 될 수 있다. 그러나 앞에서도 말한 것처럼, 이렇게 선의의 제3자뿐만 아니라, 악의의 제3자까지 보호하는 것에 대해서는 비판이 제기된다. 이에 대해 부동산실명법의 규율태

86) 그러나 이러한 논증은 더욱 검토할 필요가 있다. 왜냐하면, 무엇이 대상청구권에서 말하는 '대상'에 포함되는가 하는 것은, 일률적으로 판단할 수 없는 어려운 문제이기 때문이다.

도는 종전의 판례를 그대로 수용한 것으로서, 이는 타당하다고 설명하는 견해도 있다.[87] 그렇다면 이를 어떻게 평가할 것인가? 이는 궁극적으로는 부동산실명법의 규율태도를 민법정책의 관점에서 어떻게 평가할 수 있는지와 관련을 맺는 문제라 할 수 있다. 결론부터 말하면, 부동산실명법의 태도는 기본적으로 타당하다고 생각한다. 그 이유는 다음과 같다.

우선 민법정책의 관점에서 볼 때, 명의신탁 부동산을 적극적으로 제3자에게 이전시키는 것이 타당하다. 일반적으로 부동산 명의신탁은 – 종중재산과 같은 특수한 경우를 제외하면 – 다수의 부동산을 소유한 자가 이용하는 것이 통상적인 모습일 것이다.[88] 따라서 이들이 소유한 부동산을 거래를 통해 다수의 제3자가 이전받을 수 있게 하는 것이, '효용의 극대화'와 '자본의 유동화'라는 관점에서 볼 때 타당하다고 말할 수 있다.[89][90] 명의신탁자는 그 부동산의 소유권을 잃어버린다 하더라도, 마치 주택임차인과 같

87) 양창수, 앞의 논문(주29), 124쪽.

88) 물론 여기서 다수의 부동산을 소유한다고 해서, 반드시 대지주와 같은 모습을 떠올려야 하는 것은 아니다. 우리 사회에서는 이미 중산층도 자신의 가족들을 위해 아파트와 같은 주택을 다수 소유하고 있는 것이 일반적인 모습일 것이다.

89) '효용의 극대화'는 최근 새롭게 대두하고 있는 법경제학의 기본 토대이기도 하다. 법경제학 일반에 대해서는 박세일, 『법경제학』, 박영사, 2009; J. L. Harrison, 명순구 (역), 『법경제학』, 세창출판사, 2006 등 참고; 이러한 법경제학의 관점을 수용하여 민법 도그마틱을 전개하고 있는 경우로서 윤진수, "권리남용 금지의 경제적 분석 – 토지 소유자의 지상물 철거 청구를 중심으로 – ", 『민법논고 I』, 박영사, 2007, 84쪽 아래.

90) '자본의 유동화'에 관해서는 양창수, "담보에 관한 새로운 일반이론의 방향 – 하나의 문제제기로서 – ", 『민법산책』, 박영사, 2005, 105쪽 아래 참고.

이 생존을 위협받게 된다고 말할 수는 없을 것이다. 나아가 민법 도그마틱의 측면에서 보더라도 이는 타당하다. 특히 판례처럼 명의수탁자에게 외부적 소유권이 있다고 보거나, 신탁행위이론처럼 명의수탁자가 완전한 소유권을 취득한다고 이론을 구성하면, 제3자는 선의 · 악의를 불문하고 소유권을 취득한다고 보는 것이 논리일관적이다. 한편 절차법적인 측면에서 보더라도, 악의의 제3자에게 부동산에 대한 소유권 취득을 인정하는 것이 무리가 되는 것은 아니다. 왜냐하면, 명의수탁자가 소유권자로 등기한 이상, 일반적으로 제3자는 이러한 등기상황을 신뢰한다. 따라서 제3자는 선의로 추정되고, 이러한 선의추정을 깨뜨리려면, 제3자의 악의를 주장하는 자가 이를 증명해야 한다. 그런데 현실적으로 볼 때, 이러한 악의증명은 쉽지 않을 것이다. 그러므로 결과적으로 악의의 제3자도 실제로는 보호받게 될 것이다. 따라서 부동산 실명법이 일률적으로 제3자를 보호한다고 해서 이것이 큰 문제가 되는 것은 아니라고 말할 수 있다.

(b) 여기서 말하는 제3자란 구체적으로 누구를 지칭하는가? 여기서 주의해야 할 점은, 여기서 제3자란 명의신탁자, 명의수탁자, 원소유자를 제외한 모든 사람을 말하는 것은 아니라는 점이다.[91] 제3자란 민법 제107조 제2항, 제108조 제2항, 제109조 제2항, 제110조 제3항이 규정하는 제3자와 같이, 명의수탁자가 소유자라는 점을 기초로 하여 새롭게 이해관계를 맺은 자에 한정해야 한

91) 2자간 등기명의신탁에서는 명의신탁자가 원소유자가 될 것이나, 3자간 등기명의신탁에서는 제3자인 매도인이 원소유자가 되고, 명의신탁자는 매수인, 명의수탁자는 등기명의인이 될 것이다.

다.[92] 그러므로 부동산의 양수인, 저당권 기타 담보권을 설정 받은 사람, 가등기채권자, 압류채권자 · 가압류채권자는 이에 포함되나,[93] 불법점유자나 원인무효의 등기를 경료 받은 사람은 이에 속하지 않는다고 해석해야 한다.[94]

(c) 한편 계약명의신탁에서는 특수한 문제가 있다. 기본적으로는 계약명의신탁에서도 계약명의신탁 약정이 무효이므로, 계약명의수탁자가 제3자와 체결한 매매계약도 무효라고 보아야 한다. 왜냐하면, 계약명의신탁 약정이 무효가 됨으로써, 계약명의수탁자는 원래부터 계약체결권한을 갖지 않은 것이 되기 때문이다. 또한 부동산실명법 제4조 제2항에 의해 부동산 물권변동도 무효가 된다. 그러므로 이 경우 계약명의수탁자는 원소유자에게 목적부동산을 반환하고, 그로부터 매매대금을 돌려받아야 한다. 그리고 이 매매대금을 계약명의신탁자에게 이전해야 한다는 것은 앞에서 본 바와 같다.

그런데 부동산실명법 제4조 제2항 단서는 다음과 같은 예외를 인정한다. 즉 "(…)부동산에 관한 물권을 취득하기 위한 계약에

92) 양창수, 앞의 논문(주29), 122-123쪽.

93) 그러나 '압류채권자' 및 '가압류채권자'가 여기서 말하는 제3자에 속하는지에 관해서는 견해가 대립한다. 이에 대해서는 이동형, "통정허위표시를 한 자의 파산관재인이 민법 제108조 제2항의 제3자인지 여부 - 대법원 2003. 6. 24. 선고 2002다48214 판결", 『법조』 제573호(2004. 6), 143쪽 아래; 권영준, "통정허위표시로 인한 법률관계에 있어서 파산관재인의 제3자성", 『법조』(2007. 5), 44쪽 아래; 양창수, "2006년 민사판례 관견", 『민법연구』제9권, 박영사, 2007, 342쪽 아래; 이러한 제3자의 범위 문제를 종합적으로 정리하고 있는 학위논문으로는 김중길, 『흠 있는 의사표시에서의 제3자』, 영남대학교 법학석사 학위논문, 2006 등 참고.

94) 양창수, 앞의 논문(주29), 123쪽.

서 명의수탁자가 그 일방당사자가 되고 그 타방당사자는 명의신탁약정이 있다는 사실을 알지 못한 경우에는" 제4조 제2항 본문이 적용되지 않아 부동산 물권변동 자체가 유효하게 된다는 것이다. 그러므로 만약 매도인인 제3자가 계약명의신탁 약정이 있다는 점을 모른 상태에서 계약명의수탁자와 매매계약을 체결하고 부동산을 처분하였다면, 설사 매매계약이 무효가 된다 하더라도 (부동산실명법 제4조 제1항), 부동산 물권변동 그 자체는 유효하게 된다(제4조 제2항 본문).[95] 그렇다면 목적 부동산의 소유권은 누구에게 귀속되는가? 일단 부동산실명법 제4조 제2항 본문에 의해 원소유자가 반환청구를 할 수 없다는 점은 당연하다. 그러면 계약명의신탁자가 소유권을 취득하는가? 그러나 앞에서도 언급하였듯이, 계약명의신탁자는 계약명의수탁자로부터 매매대금의 반환만을 청구할 수 있을 뿐이다. 따라서 소유권자가 될 수 없다. 결국 소유권은 계약명의수탁자에게 귀속된다. 물론 계약명의수탁자가 자신에게 소유권이 있다는 점을 알면서도, 매매대금 대신에 이 부동산을 계약명의신탁자에게 이전하였다면, 이는 민법 제742조의 '비채변제'가 되어 계약명의신탁자가 반사적으로 소유권을 취득하게 될 것이다.[96]

95) 이는 마치 물권행위의 무인성을 인정하는 것과 같다.
96) 민법 제742조가 규정하는 비채변제에 대해서는 양창수,"비채변제-민법 제742조의 입법취지에 따른 재조명-",『민법연구』제7권, 박영사, 2003, 303쪽 아래.

제3장
민법과 형법의 관계

I. 논의의 필요성

1. 재산범죄 규정을 통한 민법과 형법의 교착

지금까지 민법학에서 논의된 부동산 명의신탁 도그마틱을 간략하게 검토하였다. 이제 이러한 논의의 성과를 바탕으로 하여, 부동산 명의신탁에 대한 형법적 규율을 살펴보아야 한다. 그런데 부동산 명의신탁에 대한 형법적 규율을 논의하기에 앞서, 짚어보아야 할 문제가 있다. 그것은 민법과 형법의 관계에 대한 문제이다. 그러면 무엇 때문에 이러한 문제를 짚어보아야 할 필요가 있는 것일까? 그 동안 축적된 민법학 또는 형법학의 성과를 보면,

이렇게 개별 실정법 사이의 관계를 다루는 작업은 그리 많지 않았던 것 같다. 물론 헌법과 민법 또는 헌법과 상법의 관계를 간헐적으로 검토한 연구는 이미 이루어지기도 하였다.[97][98] 헌법적 형사소송법'이라는 이름 아래, 헌법과 형사소송법의 관계를 검토한 작업도 형사소송법학에서 전개되기도 하였다.[99] 그러나 민법과 형법의 관계를 직접적으로 다룬 연구는 별로 보이지 않는 것 같다.[100] 그렇지만 이러한 논의는 필요하다. 그 이유를 아래와 같이 말할 수 있다.

형법각칙 가운데는 재산범죄를 규율하는 중요한 규정들이 많다.[101] 아울러 특별형법 가운데는 사법상 재산관계 또는 경제법상의 법률관계를 전제로 한 규정이 많이 존재한다.[102][103] 따라서 이들 형법규정들을 해석하고 적용할 때는 필연적으로 사법상 또는 경제법상의 법률관계를 판단하고 검토해야 한다. 그래야만 각 형

---

97) 대표적으로 양창수, "헌법과 민법 - 민법의 관점에서 - ", 『민법연구』 제5권, 박영사, 191쪽 아래.

98) 가령 정종섭, "기업의 정치자금 기부의 문제점과 위헌 여부", 『헌법연구(2)』, 철학과 현실사, 1996, 199쪽 아래(특히 217쪽 아래).

99) '헌법적 형사소송법'에 관해서는 차용석, "한국 형사법학 50년의 성과와 21세기적 과제", 『서울대학교 법학』 제98호(1995. 8), 191-199쪽 참고.

100) 예외적으로 부동산을 소재로 하여 민법과 형법의 연관관계를 지속적으로 연구한 손동권 교수의 작업을 거론할 수 있다. 가령 손동권, "부동사처분행위와 관련한 횡령죄와 배임죄의 구별문제", 『이명구 박사 화갑기념 논문집』제3권, 1996, 540쪽 아래; 손동권, "부동산소유자에 의한 형법상의 재산범죄", 『안암법학』 제4집(1996), 467쪽 아래; 손동권, "양도담보부동산의 처분과 관련한 횡령죄와 배임죄의 구별", 『법정고시』(1997. 8), 44쪽 아래 등 참고.

101) 형법 제37장 "권리행사를 방해하는 죄" 아래의 규정 참고.

102) 여기에서 다루고 있는 부동산실명법도 그 가운데 한 예가 될 수 있다고 생각한다. 가령 부동산실명법 제7조, 제10조 참고.

103) 가령 구 증권거래법 제11장 벌칙 규정 참고.

법구성요건의 의미내용을 더욱 정확하게 구체화할 수 있다. 하지만 여기서 주의해야 할 점이 있다. 이들 형법 규정들이 사법상 또는 경제법상 법률관계를 전제로 하고 있다고 해서, 사법 또는 경제법 도그마틱에서 쌓은 성과를 무작정 형법구성요건을 구체화하는 데 사용할 수는 없다는 점이다. 이에 대한 가장 중요한 이유는, 사법의 규범목적과 형법의 규범목적이 서로 차이가 있다는 점에서 찾을 수 있다. 예컨대, '재물' 개념 하나만 놓고 보더라도, 민법상 재물 개념과 형법상 재물 개념 사이에는 차이가 있을 수 있다.[104] 이 점은 부동산실명법에서도 마찬가지로 등장한다. 가령 부동산실명법 제4조는 원칙적으로 부동산 명의신탁이 사법상으로 무효가 된다고 규정하는데, 이를 형법상으로는 어떻게 평가해야 할지가 문제로 대두할 수 있다. 그 때문에 논의의 전제로서 민법과 형법의 관계문제를 검토할 필요가 있다.

2. 전문법의 등장

이렇게 민법과 형법의 관계를 규명해야 할 필요성은, 오늘날 새로운 법적 현상으로서 각 법적 영역에서 지속적으로 등장하고 있는 '전문법 현상'을 통해서도 뒷받침할 수 있다.[105] 여기서 '전

---

104) 엄밀히 말해, 민법에서는 재물 개념을 잘 사용하지 않는다. 그 대신 '재산' 또는 '이득' 등과 같은 개념을 많이 사용한다.

105) 예를 들어, 도산법 영역에서 등장하는 '전문법' 경향에 관해서는 양천수, "私法 영역에서 등장하는 전문법화 경향 - 도산법을 예로 본 법사회학적 고찰 - ", 『법과 사회』 제33호(2007. 12), 111-135쪽; 환경법 영역에서 등장하는 '전문법' 경향에 관해서는 양천수, "전문법의 책임으로서 환경책임과 환경민사책임 - 환경책임에 대한 법이론적·법사회학적 접근 - ", 『환경법연구』

문법'은 기초법학자이자 형법학자인 이상돈 교수가 처음 제시한 구상이다. 논의를 분명하게 하기 위해, 여기서 간략하게 '전문법'이 무엇인지 소개하도록 한다.

이상돈 교수가 2002년에 발표한 논문 "전문법 – 이성의 지역화된 실천"에서 제시한 '전문법' 구상은, 기본 삼법 체계로는 해명하기 어려운 새로운 법적 형태를 법사회학의 시각에서 해명하고 근거 짓는다.[106] 이상돈 교수는 오늘날에 이르러 법은 홍수를 이루고 있고, 더 나아가 판덱텐 체계에 입각한 기본 육법 체계로 설명하기 어려운 법률들이 등장하고 있다고 지적한다. 이러한 현상은 단순히 법률의 양적 팽창에 그치지 않고, 법적 구조의 질적 변화, 즉 구조적 변화를 낳는다고 한다. 말하자면, 새로운 법적 형태인 '전문법'이 성장하고 있다고 진단한다. 이를 이상돈 교수는 다음과 같이 말한다.

"이렇게 볼 때, 육법의 구조적 변화와 개별법의 팽창은 단지 기존의 판덱텐 시스템 내부의 지엽적인 변화가 아니라 그 시스템 자체의 구조적인 변화를 가져오고 있다고 할 수 있다. 여기서 구조적인 변화라 함은 판덱텐 시스템의 통일적 '구조가 해체'되고, 각 개별법이 지속적으로 기능적으로 (세)분화되어 가는 '사회적 하부체계를 조직화화는 전문법으로 독립'되어 나가는 현상을 가리

제29권 제3호(2007. 12), 259-291쪽 등 참고.

106) 이상돈, "전문법 – 이성의 지역화된 실천", 『고려법학』 제39호(2002. 11), 113-151쪽; 여기서는 이 논문을 재록하고 있는 이상돈, 『법철학』, 박영사, 2003, 단락번호 [6] "전문법"(200-247쪽)에 따라 인용한다.

킨다. 이를테면 의료법, 정보통신법, 경제법, 교통법, 환경법, 소년법, 교육법, 언론법 등과 같은 전문법의 성장을 말할 수 있다. 전문법이란 그런 명칭의 단행법률이 있는 것이 아니라 판덱텐 시스템의 육법전과 그 특별법 그리고 행정법 형식의 개별법이 동등하게 – 우열관계나 선후관계를 고정적으로 확정함이 없이 – 함께 사안을 규율함으로써 형성된다."[107]

여기서 보면 알 수 있듯이, 전문법 구상은 '체계이론'(Systemtheorie)에서 말하는 '사회적 체계의 분화'(Ausdifferenzierung der sozialen Systeme)와 밀접하게 연결된다. 체계이론에 따르면, 각 사회적 체계는 다양한 기능적 하부체계로 세분화 · 전문화된다. 법체계 역시 이러한 과정을 통해 그 자체 독자적인 사회적 기능체계로 분화되었다.[108] 그렇지만 오늘날 사회가 더욱더 진화하면서, 법체계는 새로운 내적 구조변동을 겪는다.[109] 이를 통해 판덱텐 체계에 바탕을 둔 기존의 기본 삼법 체계를 넘어서는 전문법이 새로운 법적 형태로서 성장한다. 요컨대, 전문법이란 법체계의 각 영역이 분화되고 동시에 교차적으로 재통합하면서 형성된 새로운 법적 형태라 말할 수 있다.

---

107) 이상돈, 위의 논문(주106), 205-206쪽.

108) 이에 대한 상세한 연구로는 N. Luhmann, Ausdifferenzierung des Rechts, Frankfurt/M. 1981 참고.

109) 요컨대, 오늘날 법체계는 새로운 진화과정을 겪고 있다고 말할 수 있다. 이에 대해 필자는 독자적인 연구를 계획하고 있다. 이를 간접적으로 시사하는 문헌으로 A. Fischer-Lescano/G. Teubner, Regime-Kollisionen: Zur Fragmentierung des Weltrechts, Frankfurt/M. 2006, S. 54-55.

한편 위 언명에서 볼 수 있듯이, 이상돈 교수는 전문법 개념에 대해 의미 있는 시사를 한다. 즉 전문법은 전문적인 성격을 갖는 단행 법률만을 지칭하는 것은 아니라는 점이다. 오히려 이상돈 교수에 따르면, 전문법은 이중적인 구조를 갖는다. 즉 "판덱텐 체계의 기본법전"과 "사안중심적인 규율형식"이 결합함으로써 비로소 전문법이라는 독자적인 법형태가 형성된다는 것이다.[110] 이 두 상이한 법적 형식은 "해석적 조정"과 "통합적 작용"을 거침으로써, 독자적인 전문법이 성장하고 유지되도록 돕는다고 한다.[111]

이렇게 이상돈 교수가 제시한 '전문법' 구상을 통해, 우리는 오늘날 '전공영역주의'에 안주해서는 다양한 법적 관점들이 복잡하게 얽혀있는 법적 분쟁을 적절하게 해결할 수 없다는 점을 알 수 있다. 전문법이 대상으로 하는 법적 분쟁을 적절하게, 정의에 합치하도록 해결하기 위해서는, 각 전공이 쌓아 놓은 벽을 넘어, 다양한 법적 분쟁을 동시에 원용할 수 있어야 한다. 부동산 명의신탁을 규율대상으로 하는 부동산실명법은 전문법의 한 예라고 볼 수는 없지만, 전문법처럼 민법의 관점과 형법의 관점을 동시에 원용해야 할 필요가 있다. 그러므로 부동산실명법을 정확하게 파악하려면, 그 전에 민법과 형법의 관계를 규명해야 한다. 그래야만 비로소 어떻게 민법의 관점과 형법의 관점을 동시에 원용할 수 있는지에 대한 시사점을 획득할 수 있기 때문이다.

110) 이상돈, 앞의 논문(주106), 225-231쪽.
111) 이상돈, 앞의 논문(주106), 229-231쪽.

3. 통합과학적 접근의 필요성

위에서 우리는 부동산실명법이 '전문법'과 유사한 성격을 지니기 때문에, 민법과 형법이라는 전공의 벽을 넘어, 이러한 민법과 형법의 관점뿐만 아니라, 그밖에 다양한 법적 관점을 동시에 동원해야 할 필요가 있다는 점을 확인하였다. 이러한 시각을 확장하면, 오늘날 우리가 서로 복잡하게 얽혀 있는 법적 쟁점을 정확하게 해결하기 위해서는 일종의 '통합과학적 접근'을 해야 할 필요가 있다는 점 역시 확인할 수 있다. 그렇다면 여기서 말하는 '통합과학적 접근'이란 무엇인가? 이에 대해서는 헌법학자인 정종섭 교수가 설득력 있게 해명한 바 있다. 정종섭 교수는 1990년에 발표한 논문 "우리 법학의 올바른 자리매김을 위하여 - 헌법학의 통합과학적 연구에로"에서 헌법학을 통합과학으로 볼 필요가 있고, 따라서 통합과학적 연구방법을 동원하여 헌법학에 접근해야 함을 역설하였다.[112] 이러한 정종섭 교수의 시도는 실정법 해석에만 치중한 기존의 헌법 도그마틱에서 벗어나고자 한 시도로서, '통합과학'이라는 새로운 헌법학 '방법론'을 통해 '헌법 도그마틱 중심주의'를 넘어서고자 한 것이다.

헌법학을 통합과학으로 자리매김하기 위한 전제 작업으로 정종섭 교수는 먼저 헌법학 연구의 네 가지 기본자세를 언급한다. "총체적 인식태도", "경험적 · 과학적 태도", "실천적 태도" 및

---

112) 정종섭, "우리 법학의 올바른 자리매김을 위하여 - 헌법학의 통합과학적 연구에로", 『법과 사회』 제2호(1990. 2), 221-254쪽; 여기서는 정종섭, 『헌법연구(1)』, 철학과 현실사, 1994, 제1장 "통합과학으로서의 헌법학"(11-53쪽)으로 재록된 것을 인용한다.

"역사적 태도"가 그것이다. 그런데 정종섭 교수는 헌법학은 이 네 가지 태도를 모두 담아야 한다고 역설한다.[113] 왜냐하면, 정종섭 교수에 따를 때, 헌법학은 이 모든 태도를 필요로 하는 "통합과학"이기 때문이다.[114]

정종섭 교수는 이렇게 헌법학을 통합과학으로 규정하면, 헌법학은 다음과 같은 특성을 갖게 된다고 말한다.[115] 먼저 헌법이론은 현실에 적합해야 한다고 한다. 이를 "헌법이론의 현실적합성"이라고 표현하는데, 정종섭 교수에 따르면 헌법이론은 "헌법규범과 사회현실에서 발생하는 헌법문제들을 정확히 인식 · 분석하고, 그 문제해결에 관한 올바른 방향과 처방을 제시"해야 한다. 다음으로 헌법연구는 개방적이어야 하고, 헌법이론은 "과학성"을 갖고 있어야 한다. 여기서 "과학성"은 "객관성"과 "잠정성"을 포함하는 개념이라고 한다.[116] 바로 이러한 이유에서 헌법이론은 잠정성도 포함하고 있어야 한다고 말한다. 따라서 "헌법이론도 그 시대, 그 사회의 헌법문제해결에 있어서 설득력을 다하게 되면 소멸할 수밖에 없다"고 한다.[117] 마지막으로 정종섭 교수는 헌법학이 통합과학으로 작동하기 위해서는, 종전 많은 헌법학연구가 수행한 것처럼, 외국 헌법이론을 무작정 수용하려는 것을 경계해야 한다고 말한다. 외국헌법이론은 단지 탐색적인 의미만을 가질 뿐이라고 한다. 이를 구체적으로 말하면, "통합과학으로서

113) 정종섭, 위의 책(주112), 16-25쪽.
114) 정종섭, 앞의 책(주112), 23-24쪽.
115) 정종섭, 앞의 책(주112), 25-44쪽.
116) 정종섭, 앞의 책(주112), 33쪽.
117) 정종섭, 앞의 책(주112), 40-41쪽.

의 헌법학은 가능한 한 많은 이론적 자원들을 활용하므로 외국이론들에 대한 연구와 활용은 기존의 어떠한 경우보다도 더 활발하고 적극적이겠지만 외국의 이론틀이나 시각을 우리 문제에 그대로 대입 · 적용하지 않는다고 한다."[118] 이렇게 정종섭 교수에 따르면, 헌법학은 통합과학으로서 "헌법이론의 현실적합성", "헌법연구의 개방성", "헌법이론의 과학성", "헌법이론의 잠정성" 및 "외국헌법이론연구의 탐색성"을 갖추어야 한다.

이러한 정종섭 교수의 '통합과학' 구상은 종전의 헌법 도그마틱 중심에서 벗어날 수 있는 새로운 '방법론'을 제공하고 있다는 점에서 의미가 있다. 이러한 통합과학에 바탕을 둔 통합과학적 접근은 법적 분쟁을 종합적이고 입체적으로 다루는 데 도움을 준다. 이는 부동산 명의신탁에 대해서도 마찬가지라 할 수 있다. 왜냐하면, 부동산 명의신탁 및 이를 규율하는 부도산실명법은 - 이미 살펴 본 것처럼 - 통합과학적 관점을 필요로 하는 '전문법'과 유사한 속성을 지니고 있기 때문이다.

II. 관계획정의 기준

1. 기준설정의 어려움

그렇지만 민법과 형법의 관계를 어떤 기준으로 설정할 것인가에 관해서는 다음과 같은 문제가 등장한다. 즉 이에 관한 일률적

118) 정종섭, 앞의 책(주112), 43쪽.

이며 확정된 기준을 찾기 어렵다는 것이다. 가령 어떤 경우에는 '법질서의 통일성'이라는 관점에 따라, 민법 도그마틱이 이룬 성과를 그대로 형법 도그마틱에 원용해야 할 필요가 있다. 수익자가 횡령한 재물이 민법상 불법원인급여(민법 제746조)에 속하는 경우에는 형법상 횡령죄가 성립하지 않는다는 판례의 태도는 이러한 관점을 받아들인 경우라 할 수 있다.[119] 그러나 다른 한편에서는 '형법의 특수성'을 고려하여, 민법 도그마틱을 수정해야 할 필요도 있다. 예를 들어, 형법의 '점유' 개념을 민법의 '점유' 개념과는 달리 파악하려는 형법 도그마틱의 태도가 이를 보여준다. 이 때문에, 민법과 형법의 관계를 논의할 때는, '법질서의 통일성'이라는 관점과 '형법의 특수성'이라는 관점을 동시에 고려할 수밖에 없다. 이러한 이유에서 민법과 형법의 관계를 설정하는 데 적용할 수 있는 확고한 기준을 찾는 것은 어려울 수밖에 없다. 이는 마치 법철학에서 법이념인 '정의'와 '법적 안정성'이 서로 '이율배반'(Antinomie)의 관계에 서는 것과 유사하다.[120] 왜냐하면, 형법의 특수성을 고려한다는 것은 결국 구체적 타당성을 고려하려는 것이라고 할 수 있기 때문이다. 하지만 그렇다고 해서 민법과 형법의 관계를 설정하고자 하는 노력을 포기할 수는 없다고 생각한다. 아래서는 대략적인 소묘에 그칠지 모르더라도, 민법과 형법의 관계설정을 위한 한 가지 시론을 제시하려 한다.

---

119) 대법원 1988. 9. 20. 선고, 86도628 판결 등 참고.

120) 이에 대해서는 G. Radbruch, Rechtsphilosophie, Heidelberg 1999, S. 73 ff.; 프랑크 잘리거, 윤재왕 (역), 『라드브루흐의 공식과 법치국가』, 길안사, 1999 등 참고.

2. 기준 (1) : 법질서의 통일성

먼저 민법과 형법의 관계를 확정하기 위한 기준으로서 법질서의 통일성을 들 수 있다. 법질서의 통일성이라는 기준에서 볼 때, 형법 도그마틱은 민법이 규정한 내용이나 민법 도그마틱이 이룩한 성과를 형법체계 안으로 받아들일 필요가 있다. 그러므로 예를 들어, 민법 도그마틱이 정립한 소유권 · 재산권 관계 등은 형법 도그마틱이 우선적으로 고려해야 할 필요가 있다. 그렇다면 왜 이렇게 법질서의 통일성을 고려해야 할 필요가 있는 것일까? 법체계의 측면에서 보면, 민법과 형법은 엄연히 구별된다. 하지만 실제 분쟁사안에서는 민사사건과 형사사건이 엄격하게 분리되지 않은 채 혼재되어 발생한다. 그리고 전문적인 법적 훈련을 받지 못한 일반 시민들은, 법적 분쟁이 민사와 형사로 엄격하게 구별된다는 점을 잘 알지 못한다. 예를 들어, 교통사고로 사람을 사망케 하는 사고가 발생한 경우, 일반 시민들은 흔히 형사처벌(형법 제268조)을 생각하게 되지, 민법상 불법행위에 따른 손해배상(제750조)을 함께 고려하지는 않는다. 그 때문에 일반 시민들은 자신이 교통사고를 저지른 경우, 원칙적으로는 민사법원과 형사법원에서 각각 재판을 받아야 한다는 것을 잘 이해하지 못하는 경우가 많다. 더 나아가 민사법원과 형사법원의 결론이 각기 다르게 나올 수도 있다는 것은 더더욱 이해하지 못한다. 이 점은 가령 중세 게르만법에서는 민사법과 형사법이 엄격히 구별되지 않았다는 법제사적 사실을 참고하면 수긍이 가기도 한다.[121] 민사법과 형사

121) 이에 관해서는 현승종·조규창, 『게르만법』, 박영사, 1988, 432쪽 참고.

법이 체계적으로 분화된 것은, 역사적으로 볼 때 그리 오래된 일이 아니었다. 일반 시민들의 눈으로 보면, 민사법과 형사법 모두 다 같은 '법'일 뿐이다. 그런데 만약 법이 전문적으로 분화만 되어, 각자 독자적인 - 경우에 따라서는 서로 모순되는 - 결론만을 생산하면, 이러한 법적 상황에 문외한인 일반 시민들은 법체계 전체에 대해 불신을 할 수밖에 없을 것이다. 이러한 불신을 막으려면, 한편으로는 법의 내적 분화를 긍정적으로 수용하면서도, 다른 한편으로는 이렇게 분화된 법체계 안에서 '내적 통일성'을 유지할 수 있어야 한다. 그래야만 법체계는 법의 수범자인 일반 시민들로부터 '법준수에 대한 신뢰'를 획득할 수 있을 것이다. 나아가 각각의 법체계들이 전체적으로 통일을 이루어야 할 필요가 있다는 점은, '법적 안정성'과 '예견가능성'이라는 이념적 · 기능적인 측면에서도 찾아볼 수 있다. 예를 들어, 교통사고가 발생한 경우, 이에 대해 민사재판과 형사재판이 모두 같은 결론을 내놓을 수 있다면, 법적 안정성이 그 만큼 증가한다. 그렇게 되면, 법을 잘 모르는 수범자들의 예견가능성도 증대하고, 이를 통해 수범자들은 법원의 판결 및 이러한 판결의 규범적 기초가 되는 법규범의 내용을 더욱 신뢰할 수 있게 된다. 이는 궁극적으로는 법규범의 '일반예방적 효력'을 증진시키는 데 기여한다. 그러므로 법질서의 통일성이라는 기준 아래, 민법 도그마틱의 성과를 형법 도그마틱에 수용하는 것은 필요하다고 말할 수 있다.

3. 기준 (2) : 민법과 형법의 독자성

두 번째 기준으로 민법과 형법의 독자성을 들 수 있다. 이 기준은 앞에서 언급한 법질서의 통일성 기준과는 대립하는 것이라 할 수 있다. 그렇다면 왜 법질서의 통일성과는 모순되는 이러한 기준이 필요한 것일까? 우선 그 이유를 전체 법체계의 각 부분영역들이 지향하는 규범목적에서 찾을 수 있다. 서구 법제사가 보여주는 것처럼, 민법과 형법은 각기 독자적인 규범목적을 지향한다.[122] 가령 민법은 '소유권 존중'이나 '사적 자치' 또는 '거래안정' 등을 통해 재산권의 효용을 극대화하고, 이렇게 극대화된 재산권을 다시 적정하게 분배하는 데 일차적인 목적을 둔다. 특히 민법이 자본주의 성장에 발맞추어 발전해 왔다는 점에서 볼 때, 민법은 자본주의의 근간이 되는 시장경제질서를 보장하는 것과 밀접한 관련을 맺고 있다. 이러한 맥락에서 일본의 민법학자인 와가츠마 사카에(我妻榮)가 '자본주의 발전에 부응하는 민법학 구축'을 자기 민법학의 준거점으로 삼은 것도 민법의 규범목적을 밝히는 데 한 가지 단서가 제공한다.[123] 이에 반해 형법은 '보호적 임무'와 '보장적 임무'를 실현하려는 데 일차적인 목적을 둔다.[124] 원칙적으로 형법은 효용을 극대화한다든지 또는 재산을 최적적으로 분배한다는 것에 무관심하다.[125] 오히려 형법은 '법익보호'

122) 이를 간략하게 정리하는 이상돈, 『로스쿨을 위한 법학입문』, 법문사, 2009, 64쪽 아래 참고.

123) 이에 관해서는 양창수, "후순위저당권자 있는 공동저당부동산에 대한 경매와 물상보증인의 지위", 『민법연구』제4권, 박영사, 1996, 304-305쪽 참고.

124) 배종대, 앞의 책(주3), 56쪽 아래 참고.

125) 물론 형법이 "효용을 극대화한다든지 또는 재산을 최적적으로 분배한

나 '사회윤리적 심정가치의 보호'와 같은 보호적 임무나 범죄자의 인권보장과 같은 보장적 임무에 더욱 관심을 둔다.

나아가 민법과 형법의 독자성은, 민법과 형법이 법적 제재를 하기 위해 사용하는 수단이 서로 다르다는 점에서도 찾아볼 수 있다. 민법은 손해배상청구권(민법 제390조, 제750조)이나 강제이행(민법 제389조) 또는 비용반환청구권(민법 제739조)이나 부당이득반환청구권(민법 제741조), 그게 아니면 물권적 청구권(민법 제213조 등) 등을 법적 제재수단으로 사용한다. 이 중에서 가장 중요한 수단으로서 손해배상청구권을 들 수 있는데, 손해배상청구권은 발생한 손해를 적정하게 전보하는 데 일차적인 주안점을 둔다.[126] 물론 손해배상에 일반예방적 효과가 없다고 말할 수는 없지만,[127] 특히 우리 민법처럼 '징벌적 손해배상'을 인정하지 않는 법체계 아래서는 아무래도 손해의 적정한 전보에 중점을 둘 수밖에 없다.[128] 이와 달리 형법은 가장 강력한 법적 제재수단인 형벌을 사용한다. 형벌은 손해배상처럼 범죄로 발생한 피해를 보상해주기 위해 존재하는 것이 아니다. 오히려 형벌은 '범죄자에 대한 응보'나 '범죄자의 속죄'(절대적 형벌이론) 또는 '잠재적 범죄자

다는 것에 무관심"하다는 주장을, 형법이 이러한 것을 완전히 무시한다는 것으로 오해해서는 안 된다.

126) 이상돈, 앞의 책(주122), 63쪽.

127) 손해배상의 일반예방적 효과에 대해서는 우선 류근홍, 『징벌적 손해배상제도에 관한 연구: 도입 필요성과 그 적용한계를 중심으로』, 청주대 법학박사 학위논문, 2006 참고.

128) 손해배상은 민법 제393조에 따라 손해배상의 범위에 포함될 수 있는 손해에 대해서만 인정할 수 있을 뿐이다. 이러한 손해배상의 범위를 넘어 발생한 손해에 대해서는 손해배상 청구권을 인정할 수 없다. 김형배, 『채권총론』 제2판, 박영사, 1998, 250쪽 아래.

에 대한 위협'(소극적 일반예방)이나 '규범에 대한 신뢰강화'(적극적 일반예방), 그게 아니면 이미 범죄를 저지른 자에 대한 '개선 · 교화'(특별예방이론) 등을 목적으로 삼는다.[129] 이러한 점에서 볼 때, 민법과 형법은 서로 다를 수밖에 없다.

다른 한편 형법이 지닌 속성, 즉 보장적 임무와 보호적 임무를 동시에 추구해야 한다는 점에서, 그리고 형벌이라는 가장 강력한 제재수단을 통해 이러한 임무를 수행해야 한다는 점에서, 다음과 같이 형법의 독자성을 이끌어낼 수 있다. 이러한 형법의 독자성은 근대 자유주의적 법치국가가 낳은 산물이기도 하다.[130] 먼저 형법은 보충적인 수단(ultima ratio)이어야 한다.[131] 그러므로 형법은 다른 법적 제재수단이 더 이상 작동할 수 없는 경우에 한하여 투입되어야 한다(형법의 보충성). 이러한 형법의 보충성 때문에, 형법은 오직 최후수단으로서만 투입되어야 한다(형법의 최후수단성). 나아가 형법은 사회통제를 담당하는 전체 사회적 체계들의 한 부분체계로서만 작동해야 한다(형법의 단편성). 사회에서 발생하는 각종 갈등들은 원칙적으로는 민법 · 행정법 등과 같은 다른 법체계를 통해 해결할 수 있어야 한다. 형법은 이러한 전체 제재수단 중에서 단지 한 부분만을 차지할 뿐이다. 이렇게 근대 자유주의적 법치국가 형법은 형법의 보충성 · 최후수단성 · 단편성을 형법의 기본원칙으로 정립하였는데, 이는 민법과 형법의

129) 이러한 형벌목적에 관해서는 배종대, 앞의 책(주3), 22쪽 아래 참고.

130) 이에 대해서는 기본적으로 W. Hassemer, Einführung in die Grundlagen des Strafrechts, München 1990, S. 318 ff.

131) 형법의 보충성 원칙에 대한 기본적인 연구로는 박달현, 『형법상 보충성 원칙에 관한 연구』, 고려대 법학박사 학위논문, 1996 참고.

관계를 획정하는 데 중요한 시사를 한다. 즉 이와 같이 근대 형법이 지니고 있는 특징 때문에, 민법 도그마틱과 형법 도그마틱을 전적으로 동일하게 취급하는 것은 적절하지 않을 수 있다는 것이다. 형법과는 달리, 민법은 보충성 · 최후수단성 · 단편성을 지니고 있지 않기 때문이다.

물론 이러한 근대 형법의 기본원칙이 이미 21세기로 접어든 현대 사회에서 여전히 타당할 수 있는지에 관해서는 독일뿐만 아니라, 우리나라에서도 논란이 벌어지고 있다.[132] 가령 현대 사회를 '위험사회'(Risikogesellschaft)로 규정하면서,[133] 형법 역시 이러한 위험사회에 발맞추어 사회에 존재하는 각종 위험원을 적극적으로 관리할 수 있어야 한다는 주장이 제기되기도 한다.[134] 이 주장은 특히 적극적 일반예방(통합예방)이론과 결합하여, 근대 형법의 기본원칙을 고전적인 것으로, 다시 말해 낡은 것으로 바라보면서, 형법을 최후수단이 아닌 최초수단으로 이해하려 한다. 이러한 맥락에서 형법의 보충성 · 최후수단성 · 단편성은 현대 위험사회가 안고 있는 각종 위험원을 관리하는 데 더 이상 적합하지 않다고 한다. 그러나 이러한 주장과는 달리, 여전히 근대 형법의 기본원칙을 고수하려는 견해 역시 주장된다.[135] 이 견해는 현대

---

132) 이 논쟁에 대해서는 우선 B. Schünemann, Kritische Anmerkungen zur geistigen Situation der deutschen Strafrechtswissenschaft, in: GA (1995), S. 201 ff.

133) '위험사회'에 관해서는 우선 U. Beck, Risikogesellschaft, Frankfurt/M. 1986.

134) 가령 R.-P. Callies, Strafzweck und Strafrecht, in: NJW (1989), S. 1340 ff.

135) 예를 들어, C. Prittwitz, Strafrecht und Risiko, Frankfurt/M. 1992; W. Hassemer, Kennzeichnen und Krisen des modernen Strafrechts, in: ZRP Heft 10 (1992), S. 378 ff. 이상돈 (역), "현대형법의 특징과 위기", 배종대 · 이상돈 (편역), 『형법정책』, 세창출판사, 1998, 191 쪽 아래; 이상돈, 『형법학』, 법문사, 1999, 단락

위험사회에 부응하려는 '위험형법'(Risikostrafrecht)이 각종 '집행결손'을 초래하는 기만적인 '상징형법'(symbolisches Strafrecht)의 모습을 증가시킬 뿐만 아니라, 형법의 보장적 임무 역시 심각하게 훼손할 것이라고 지적한다.

이렇게 서로 상반되는 두 견해 중에서 어느 견해가 더욱 설득력이 있는지에 대해서는 이 글에서 논하지 않기로 한다. 이 논점 자체가 독자적인 연구주제가 될 수 있기 때문이다. 다만 이 두 견해 중에서 첫 번째 견해를 취하면, 자칫 형법의 독자성이 많이 퇴색될 여지가 있다는 점을 지적하고자 한다. 왜냐하면, 위험사회에 적극적으로 대응하는 위험형법을 지지하는 첫 번째 견해에 따르면, 형법의 보충성이나 최후수단성 같은 근대형법의 기본원칙이 희석될 수 있기 때문이다. 그렇게 되면, 형법의 독자성보다는 법질서의 통일성이 민법과 형법의 관계를 획정하는 더욱 우월한 기준으로 자리매김 할 수 있다. 이와는 반대로, 두 번째 견해를 취하면, 법질서의 통일성보다는 형법의 독자성이 더욱 우월한 기준으로 자리매김하게 될 것이다. 여기서 필자는 일단 두 번째 견해를 더욱 설득력 있는 것으로 보고자 한다.

4. 기준 (3) : 법질서의 통일성과 형법의 독자성 사이의 실제적 조화

지금까지 민법과 형법의 관계획정 기준으로서 '법질서의 통일성' 및 '민법과 형법의 독자성'을 거론하였다. 그런데 문제는 - 앞의 II.1.에서도 언급하였듯이 - 양자가 서로 이율배반적

번호 [2] 등 참고.

인 관계를 맺고 있다는 점이다. 그 때문에 민법과 형법의 관계를 획정하는 것에 대한 고정적이고 절대적인 기준을 마련하는 것은 쉽지 않다. 그러면 어떻게 이러한 이율배반 관계를 해소할 수 있을까? 결국 생각할 수 있는 해결방안은, 각각의 구체적인 상황 속에서 서로 모순되는 두 기준을 실제적으로 조화시킬 수 있는 법도그마틱을 구성하는 것밖에 없을 것이다.[136] 예컨대, 사기죄의 기본 구성요건인 '재산상 손해'를 구체화할 때는, 한편으로는 민법상 손해 개념과 형법상 손해 개념이 서로 통일성을 이룰 수 있도록 손해 개념을 구성하면서도, 다른 한편으로는 형법의 고유한 특징인 형법의 보충성 · 최후수단성 · 단편성을 가능한 한 충족할 수 있도록 형법상 손해 개념을 구체화해야 할 필요가 있다. 그런데 여기서 알 수 있듯이, 이러한 해결방안은 실제 사안을 전제로 해서만 작동할 수 있다. 물론 이러한 해결방안에 대해서는 다음과 같이 비판할 수도 있다. 즉 이렇게 구체적인 사안을 전제로 한 해결방안은 - 영미법학의 '판례분석방법'(Case Method)이나 '결의론'(Kasuistik)처럼 - 법학의 '학문성'(Wissenschaftlichkeit)을 유지할 수 없다는 것이다. 그러나 이러한 비판은 타당하지 않다고 생각한다. 첫째, 영미법에서 즐겨 사용하는 판례분석방법이 학문성과 무관한 것이 아니라, 오히려 - 영미의 법학교육사를 면밀하게 검토하면 - 이러한 판례분석방법이 법학의 학문성을 고양하기 위해 제안된 것이라는 것

---

136) '실제적 조화' 개념에 관해서는 우선 장영수, 『헌법학』 제4판, 홍문사, 2009, 108-109쪽 참고.

을 발견할 수 있기 때문이다.[137] 이는 판례분석방법과 유사한 문제변증론(Topik)이 결코 법학의 학문성을 포기하는 것은 아니라는 점에서도 확인할 수 있다.[138] 둘째, 이렇게 구체적인 사안을 전제로 한 실제적 조화 해결방안을 선택한다 하더라도, 오히려 이를 통해 각 사안이 고유하게 담고 있는 사물논리(Sachlogik)를 논증적으로 드러내고, 이를 법도그마틱에 반영함으로써, 법도그마틱의 체계성을 유지하는 것과 동시에 법도그마틱의 현실적 응력을 유지 · 향상시킬 수 있기 때문이다.[139]

그렇다 하더라도, 여전히 이러한 해결방안에 대해 막연함을 느낄지도 모르겠다. 그래서 필자는 한 가지 추가적인 기준으로서 헌법을 제시하고자 한다. 헌법상 기본권 규정(헌법 제10조 아래)이나 비례성 원칙(헌법 제37조 제2항) 등은 민법과 형법 사이에서 법질서의 통일성과 독자성을 실제적으로 조화시키는 데 중요한 기여를 할 수 있다고 생각한다. 가령 헌법이 규정하는 재산권(헌법 제23조)과 비례성 원칙에 힘입어, 민법상 재산 개념과 형법상 재물 개념을 각각 구체화할 수 있을 것이다. 물론 여기서 결정적인 역할을 하는 것은 비례성 원칙이 될 것이다. 과연 어디까지 민법상 재산 개념에 포함시킬 것인가, 형법상 재물 개념의 효력범위를 어떻게 확정할 것인가 하는 문

137) 이에 관해서는 양천수, "이상과 현실 사이에 선 법학전문대학원 교육방법론 - 기초법학을 예로 하여 - ", 『사회과학연구』 제27집(2008. 2), 63-87쪽 참고.

138) 이를 지적하는 N. Luhmann, Rechtssystem und Rechtsdogmatik, Stuttgart/Berlin/Köln/Mainz 1974, S. 10-12.

139) 이는 루만이 기획하는 법도그마틱 구상이기도 하다. 이러한 루만의 법도그마틱 구상을 소개하는 문헌으로는 양천수, 앞의 논문(주1), 575-601쪽 참고.

제는, 이러한 개념 구성이 헌법상 비례성 원칙에 합치할 수 있는지를 판단함으로써 어느 정도 해결할 수 있을 것이다. 그렇지만 이에 대해서는 다시 다음과 같이 반론할 수 있을 것이다. 즉 헌법규정은 본래 고도의 추상성과 불명확성을 지니고 있으므로,[140] 이러한 헌법규정이 헌법보다 더욱 구체화된 법규범인 민법과 형법의 관계를 획정하는 데 별 기여를 할 수 없다는 것이다. 이러한 반론은 헌법의 규범적 속성을 정확하게 지적하고 있다는 점에서, 일단 그 타당성을 인정할 수 있다. 그러나 다른 한편으로 이러한 반론은, 헌법과 그 하위 법규범인 민법 및 형법 사이의 관계가 어느 한쪽이 다른 한쪽을 일방적으로 구체화시키는 관계가 아니라, 오히려 서로가 서로를 순환적으로 구체화시키는 관계라는 점을 간과하고 있다는 점에서 설득력이 부족하다고 생각한다. 즉 헌법과 민법 · 형법의 관계는, 헌법이 일방적으로 민법 및 형법을 구체화시키는 관계가 아니라, 헌법과 민법 · 형법이 서로를 순환적으로 구체화시키는 관계인 것이다(구체화의 순환과정).[141] '법해석학'(juristische Hermeneutik)에서 흔히 말하는 '해석학적 순환'(hermeneutischer Zirkel) 테제는 헌법과 민법 · 형법의 관계에서도 그대로 타당하다고 말할 수 있다.[142] 특히 헌법이 규정하는 비례성 원칙은 그 자체의 형식적

140) 이는 루만이 기획하는 법도그마틱 구상이기도 하다. 이러한 루만의 법도그마틱 구상을 소개하는 문헌으로는 양천수, 앞의 논문(주1), 575-601쪽 참고.

141) 이를 치밀하게 분석하는 이상돈, 『헌법재판과 형법정책』, 고려대학교 출판부, 2004 참고.

142) 법해석학에 대해서는 앞의 주(71)에서 제시하는 문헌을 참고.

속성 때문에 실질적인 기준을 제시하지는 못한다 하더라도, 이러한 해석학적 순환과정 속에서 민법과 형법의 관계를 획정하는 데 기여할 수 있다는 점에서, 그 의미를 긍정적으로 평가할 수 있다고 생각한다.

제 4장
부동산 명의신탁에 대한 일반 형법적 규제

I. 논의의 출발점

부동산 명의신탁에 대한 형법적 규제는 크게 두 가지로 나누어 살펴볼 수 있다. 첫째는 일반 형법에 의한 규제이고, 둘째는 형사특별법에 의한 규제이다. 후자에 대한 예로서는 1990년에 제정된 바 있는 '부동산등기 특별조치법'과 '부동산실명법'을 통해 이루어지는 규제를 들 수 있다.[143] 여기서는 주로 일반

143) 부동산실명법은 제7조에서 금지되는 명의신탁약정을 체결한 명의신탁자와 수탁자 그리고 교사범 및 방조범 등을 처벌할 것을 규정하고 있다.

형법을 통한 규제를 살펴보려 한다. 왜냐하면, 부동산등기 특별조치법이나 부동산실명법을 통해 이루어지는 형법적 규제는 모두 일반 형법을 통해 이루어지는 규제에 이론적 · 법도그마틱적 기반을 두고 있기 때문이다. 물론 이렇게 일반 형법을 통해 이루어지는 부동산 명의신탁에 대한 규제를 살펴볼 때는, 앞에서 논의한 민법과 형법의 관계획정 문제를 고려해야 할 필요가 있다. 그러므로 부동산 명의신탁에 대한 일반 형법적 규제는 - 부동산 명의신탁에 대한 민법적 규제와 마찬가지로 - 부동산실명법 제정 전과 제정 후로 나누어 고찰해야 한다. 부동산실명법이 제정되면서, 민법상 부동산 명의신탁 도그마틱이 근본적으로 바뀌었기 때문이다. 이렇게 민법 안에서 이루어진 부동산 명의신탁 도그마틱 변경은, '법질서의 통일성'이라는 관점에서 부동산 명의신탁에 대한 형법 도그마틱을 구성할 때도 고려해야 할 필요가 있다(기준 1). 물론 이 과정에서는 다시 민법과는 구별되는 '형법의 독자성'도 염두에 두어야 한다(기준 2). 결국 한편으로는 부동산 명의신탁 도그마틱이 근본적으로 변경되었다는 점을 고려하면서도, 다른 한편으로는 형법의 독자성을 염두에 두면서, 다시 말해 이 두 가지 관점이 실제적으로 조화될 수 있도록 부동산 명의신탁에 대한 형법 도그마틱을 체계화할 필요가 있다(기준 3).

Ⅱ. 부동산실명법 시행 전

1. 부동산 명의신탁의 기본구조와 형법적 쟁점

먼저 부동산 명의신탁이 형법상 어떤 범죄구성요건에 속하는지를 판단하기 위해, 부동산 명의신탁의 기본구조를 다시 살펴볼 필요가 있다. 앞에서도 검토하였지만, 부동산 명의신탁은 기본적으로 부동산 명의신탁의 법률상 원인이 되는 '명의신탁약정'과 '부동산 등기이전'으로 구성된다. 여기서 명의신탁약정이 민법상 위임(민법 제680조)의 성질을 띤다는 점은 앞에서 본 바와 같다. 이러한 부동산 명의신탁의 기본구조에서 우리는 몇 가지 의미 있는 요소를 추출할 수 있다. 우선 부동산 명의신탁은 부동산을 목적물로 한다는 것과, 명의신탁약정이라는 위임계약관계를 법률상 원인으로 삼는다는 것이다. 나아가 실제 거래관계에서 문제될 수 있는 부동산 명의신탁의 유형을 검토해야 한다. 앞의 제2장 Ⅱ.에서도 살펴보았듯이, 부동산 명의신탁은 크게 '등기명의신탁'과 '계약명의신탁'으로 구별된다. 등기명의신탁은 다시 '2자간 등기명의신탁'과 '3자간 등기명의신탁'으로 분화된다. 그리고 계약명의신탁은 계약명의수탁자의 거래상대방이 계약명의신탁 약정이 있다는 점을 안 경우와, 이를 알지 못한 경우로 나눌 수 있다.[144)]

그렇다면 이와 같은 부동산 명의신탁에서 그 범죄 여부가 문

144) 그러나 계약명의신탁을 이렇게 유형화하는 것은, 부동산실명법이 시행된 이후에 비로소 법적인 의미를 갖는 것이라고 말할 수 있다.

제되는 경우는 어떤 경우인가? 첫째, 2자간 등기명의신탁에서는 명의수탁자가 명의신탁약정에 위반하여 제3자에게 신탁 부동산을 처분하는 경우가 문제될 수 있다. 둘째, 3자간 등기명의신탁에서도 마찬가지 경우가 문제될 수 있다. 물론 3자간 등기명의신탁에서 명의수탁자가 매도인인 제3자에 대해 등기협력의무를 이행하지 않는 경우도 문제될 수 있을 것이다. 그러나 이러한 경우는 명의신탁약정 위반을 이유로 하는 민법상 채무불이행책임(민법 제390조)을 묻는 것으로 족할 것이다.[145] 셋째, 계약명의신탁에서는 먼저 계약명의수탁자가 계약명의신탁약정에 위반하여 부동산 매매계약의무를 이행하지 않는 경우가 문제될 수 있을 것이다. 아울러 등기명의신탁처럼, 일단 매수한 부동산을 다시 제3자에게 처분한 경우도 문제될 수 있을 것이다. 여기서 전자는 다시 계약명의수탁자가 계약명의신탁자를 적극적으로 기망하여 계약명의신탁자에게 재산상 손해를 입힌 경우와, 처음에는 상호신뢰에 바탕을 두어 계약명의신탁 약정을 체결하였다가, 후에 불법이득의사가 생겨 계약명의신탁 약정에 따른 의무를 위반한 경우로 나누어볼 수 있다. 후자의 경우는 등기명의신탁과 같은 문제구조를 보인다.

그렇다면 이러한 부동산 명의신탁에서는 어떤 형법적 문제를 검토해야 하는가? 이 경우에는 다음과 같은 형법적 문제를 검토해야 한다. 첫째, 2자간 등기명의신탁에서 명의수탁자가 제3자에

---

145) 물론 이 경우에는 형법상 배임죄를 생각할 수도 있다. 그러나 아래 제4장 II.3.(2)에서 다시 보겠지만, 이러한 경우에 대해서까지 배임죄를 인정하는 것은 적절하지 않다고 생각한다.

게 신탁 부동산을 처분한 경우에는, 일단 형법상 횡령죄(형법 제355조 제1항)와 배임죄(형법 제355조 제2항)가 성립할 수 있는지 살펴보아야 한다. 이에 관해서는 다시 다음과 같은 쟁점들을 검토해야 한다. 먼저 부동산이 횡령죄에서 말하는 '재물'에 속하는지 검토해야 한다. 이는 특히 횡령죄의 객체를 동산에 한정하고 있는 독일 형법의 규율태도를 비교법적인 관점에서 고려할 때 문제가 된다. 다음 명의수탁자가 횡령죄가 규정하는 '보관자'에 해당하는지 문제된다. 이는 명의신탁약정이 횡령죄의 구성요건요소인 '위탁관계'에 해당하는지와 관련을 맺는 문제기도 하다. 그런데 이것이 문제되는 이유는, 통상 부동산 명의신탁은 탈법행위를 목적으로 하여 행해지는데, 이렇게 탈법행위를 목적으로 하는 명의신탁약정을 과연 형법이 보호할 필요가 있는가라는 궁극적인 의문과 연결되기 때문이다. 나아가 신탁 부동산이 '타인'의 재물에 해당하는지를 검토해야 한다. 만약 타인의 재물이 아니라면, 이 경우에는 횡령죄가 성립할 수 없기 때문이다. 그렇다면 다시 배임죄는 성립할 수 있는지 검토해야 한다. 여기서는 명의신탁약정이 '타인의 사무처리'에 포섭되는지를 중점적으로 알아보아야 한다. 한편 만약 횡령죄가 성립한다면, 횡령죄의 죄수시기 그리고 횡령죄가 아니라 배임죄가 성립한다면, 배임죄의 기수시기가 문제될 수 있다. 이와 아울러, 명의수탁자와 거래한 제3자는 어떤 죄책을 지는지도 검토할 필요가 있다.

둘째, 3자간 등기명의신탁에서 명의수탁자가 원소유자인 매도인으로부터 등기를 경료 받은 신탁 부동산을 제3자에게 처분한 경우에는, 2자간 등기명의신탁과 동일한 구조를 보이므로, 별로 도 검토해야 할 형법적 쟁점은 그리 많아 보이지 않는다. 다만 원소유자와 등기명의신탁자가 매매계약을 체결하고 물권적 합의까지 하였는데, 등기명의수탁자가 원소유자에 대해 소유권 이전등기 의무에 협력하지 않을 경우에, 형법상 배임죄가 성립할 수 있는지는 검토해 보아야 한다. 이 경우에는 원소유자로부터 소유권 이전등기를 경료 받아야 하는 의무가 '타인의 사무처리'에 속하는지가 문제해결의 관건이 된다.

셋째, 계약명의신탁에서는, 우선 계약명의수탁자가 명의신탁자를 기망하여 계약명의신탁 약정을 체결한 후, 원소유자와는 매매계약을 체결하지 않고, 나아가 명의신탁자로부터 받은 매매대금을 자기의 이익을 위하여 소비한 경우에, 각각 사기죄(형법 제347조)와 횡령죄 혹은 배임죄가 성립할 수 있는지 살펴보아야 한다. 그밖에 상호신뢰에 바탕을 두어 계약명의신탁을 체결하였으나, 후에 원소유자와 매매계약을 체결하지 않고 매매대금을 소비한 경우, 또는 매매계약을 체결하지 않아 명의신탁자에게 재산상 손실을 발생시킨 경우에, 횡령죄 또는 배임죄가 성립할 수 있는 논의해야 한다.

2. 2자간 등기명의신탁에 대한 형법적 규제

여기서는 명의수탁자가 명의신탁약정에 위반하여 제3자에게 신탁 부동산을 처분한 경우에, 형법상 횡령죄 또는 배임죄가 성립하는지 문제된다.

부동산의 횡령죄 객체 해당성

형법상 횡령죄는 타인의 재물을 행위객체로 삼는다(형법 제355조 제1항). 여기서 재물이란 일반적으로 유체물 및 전기 기타 관리할 수 있는 동력을 말한다(형법 제346조).[146] 그렇지만 형법상 재물이 정확하게 무엇을 지칭하는지, 어디까지 재물 개념에 포함할 수 있는지에 대해서는 논란이 없지 않다. 형법상 재물 개념에 관해서는 크게 '유체성설'과 '관리가능성설'이 대립한다.[147] 그러나 어떤 학설에 의하더라도, 부동산은 유체물로서 형법상 재물로 인정할 수 있다.

그런데 이렇게 부동산은 원칙적으로 형법상 재물에 속하는데도, 부동산을 횡령죄의 객체에서 제외하려는 주장이 제시되기도 한다.[148] 이 주장은 특히 독일 형법 제246조가 '타인의 동산'만을 횡령죄의 객체로 하고 있다는 점에 바탕을 두고 있다. 하지만 이러한 주장은 타당하지 않다고 생각한다. 그 이유를 다음과 같이 말할 수 있다. 독일 형법은 기본적으로 절도와 횡령을 동일한 선상에서 규율한다. 그 때문에 절도와 횡령 모두 행위객체를 '타인의 동산'으로 한정하고 있는 것이다. 그렇지만 이러한 독일 형법 규정과는 달리, 우리 형법은 절도와 횡령을 각각 다른 장에서 규

146) 이러한 개념 정의는 민법상 물건에 대한 개념 정의와 유사하다. 민법 제98조는 "물건의 정의"라는 표제 아래 "본법에서 물건이라 함은 유체물 및 전기 기타 관리할 수 있는 자연력을 말한다."고 규정한다.

147) 학설대립에 대한 기본적인 내용은 배종대, 앞의 책(주3), 344-346쪽 참고.

148) 이에 관해서는 김선복, "절도죄와 횡령죄에서 재물의 개념", 『정성근 교수 화갑기념 논문집』, 삼영사, 1997, 702쪽 아래; 또한 이러한 논의를 소개하는 문헌으로 신동운, "부동산에 대한 횡령행위와 횡령죄의 본질", 『고시연구』(1997. 12), 131쪽 아래.

정하고 있다. 물론 절도와 횡령은 행위객체를 모두 '재물'로 규정한다.[149] 그렇지만 절도죄와 횡령죄의 법문언이 행위객체를 동일하게 규정하고 있다고 해서, 그 법문언의 구체적인 내용이나 범위 역시 반드시 동일하게 파악해야 하는 것은 아니다. 형법해석의 한계를 일탈하지 않는 한에서는,[150] 비록 절도죄와 횡령죄의 법문언이 다 같이 행위객체를 '재물'이라고 규정하고 있다 하더라도, 절도죄의 재물과 횡령죄의 재물을 각각 다르게 구체화할 수도 있다고 생각한다. 이렇게 볼 때 형법 제355조 제1항이 횡령죄의 행위객체로 규정하고 있는 재물에는 부동산 역시 포함된다고 해석하는 것이 타당하다.

명의수탁자의 '보관자' 해당성

다음 부동산 명의수탁자가 횡령죄의 행위주체인 보관자에 해당할 수 있는지 문제된다. 이 문제는 다시 두 가지 논점으로 나눌 수 있다. 그 한 가지는 법도그마틱에 관한 것이고, 다른 한 가지는 형법정책에 관한 것이다. 첫째, 부동산 명의수탁자는 위탁관계에 기반을 두어 신탁 부동산을 점유하고 있는 자라고 해석할 수 있는가? 둘째, 탈세 등과 같은 탈법행위를 목적으로 하여 주로 행해지는 명의신탁약정을, 형법이 '보호할 만한' 위탁관계로 평가할 수 있을까?

149) 이 때문에 횡령죄의 경우와는 반대로, 부동산에 대한 절도가 가능한지에 관해 견해가 대립하기도 한다. 견해대립에 대한 간략한 설명은 배종대, 앞의 책(주3), 349-350쪽.

150) 형법해석의 한계에 대해서는 우선 신동운 외, 『법률해석의 한계』, 법문사, 2000; 양천수, "형법해석의 한계 - 해석논쟁을 중심으로 하여 - ", 『인권과 정의』 제379호(2008. 3), 144-158쪽 등 참고.

첫째, 명의수탁자는 위탁관계를 통해 부동산을 점유하는 자라고 해석할 수 있는가? 여기서 등기명의신탁 약정이 민법상 위임(민법 제680조)과 같은 성격을 보인다는 점은 앞에서 본 바와 같다.[151] 횡령죄의 위탁관계는 통상 민법상 위임을 포함하는 개념이므로,[152] 명의신탁약정 역시 위탁관계로 파악할 여지가 있다. 하지만 여기에는 한 가지 문제가 있다. 통상의 점유매개관계에서는 위탁자가 간접점유자가 되고, 수탁자는 직접점유자가 된다. 가령 질권관계를 생각해 보자. 질권관계에서 질권은 질권설정자가 질물을 질권자에게 인도함으로써 성립한다(민법 제330조). 그러므로 질권설정자는 민법 제194조에 따라 간접점유를 취득하고, 질권자는 질물을 직접 점유한다. 이 경우 질권자가 질권설정계약을 위반하여, 아직 피담보채권관계가 존속하는데도 제3자에게 질물을 처분하였다면, 이는 전형적인 횡령죄 사안이 된다. 그렇지만 등기명의신탁에서는 그 반대가 된다. 대체로 신탁 부동산을 직접 점유하는 사람은 수탁자가 아니라, 신탁자이다. 등기명의신탁 약정을 통해 소유권 이전등기가 신탁자에서 수탁자로 경료됨으로써, (외부적) 소유권은 신탁자에서 수탁자로 이전하지만, 부동산은 여전히 신탁자가 직접 점유한다. 따라서 엄밀히 말해, 수탁자는 간접점유만을

---

151) 앞의 제2장 IV.1.(1)(a) 참고.

152) 횡령죄의 위탁관계는 채권법상의 계약관계가 아니라, 물권법상의 점유매개관계(민법 제194조)로 파악된다. 이 때문에 위탁관계는 단순히 민법상 위임이나 임치만을 염두에 둔 개념이 아니라, 사무관리·고용·후견뿐만 아니라, 지상권·전세권·질권과 같은 제한물권까지 포함하는 개념이라고 할 수 있다. 배종대, 앞의 책(주3), 508쪽.

하고 있다고 보아야 한다. 그런데 횡령행위가 문제되는 것은, 간접 점유자인 수탁자가 제3자에게 신탁 부동산을 처분하는 경우이다. 이 때문에 과연 수탁자가 신탁 부동산을 점유하는 보관자가 될 수 있는지 문제된다. 그래서 학설과 판례는 이러한 난점을 해결하기 위해, 사실상의 점유뿐만 아니라, 법률상 점유까지 형법상 점유 개념에 포함시킨다. 이를 통해 보관자의 성립범위를 확장한다.[153)]

그러면 이를 어떻게 평가할 것인가? 앞에서 살펴본 것처럼,[154)] 형법상 점유 개념은 민법 도그마틱과 형법 도그마틱이 교차하는 전형적인 지점이다. 따라서 형법상 점유 개념을 명확하게 구체화하고자 하는 경우에는, 앞에서 제시한 것처럼, '법질서의 통일성'과 '형법의 독자성' 양자를 가능한 한 조화롭게 고려해야 한다. 우선 '법질서의 통일성'이라는 관점에서 보면, 형법상 점유 개념은 민법상 점유 개념과 동일하게 획정해야 할 필요가 있다. 하지만 지배적인 학설은 민법상 점유 개념과 형법상 점유 개념을 구별한다. 민법상 '점유'(Besitz)와는 달리, 형법상 점유는 '소지'(Gewahrsam)를 지칭한다고 한다.[155)] 그래서 가령 민법상 점유 개념에 따르면 점유보조자는 점유의 주체가 되지 않아 점유를 할 수 없지만(민법 제195조), 형법상 점유 개념에 따르면 점유보조자도 '소지'를 할 수 있으므로, 형법상 점유의 주체로서 점유를 할 수 있다고 본다. 그렇다면

153) 심지어 판례는 신의칙에 의해서도 보관자가 될 수 있다고 말한다. 가령 대법원 1987. 4. 28. 선고 83도1568 판결; 대법원 1995. 12. 22. 선고 94도3013 판결 등 참고.

154) 위의 제3장 참고.

155) 형법상 점유 개념에 관해서는 배종대, 앞의 책(주3), 351쪽 아래; 하태훈, "점유개념과 절취행위", 『고시계』 제490호(1997. 12), 15-31쪽 등 참고.

왜 이렇게 민법상 점유와 형법상 점유를 달리 보는가? 그 이유는 '민법과 형법의 독자성'에서 찾을 수 있다. 일단 민법의 점유 개념은 - 본래 형법상 점유 개념과 마찬가지로 '소유'와는 구별되는 개념으로서 물건에 대한 '사실상 지배'를 뜻하지만 - 점차 관념화되고 있다.[156] 그 때문에 한편으로 민법상 점유 개념은 물건에 대한 사실적 지배를 뜻하는 본래 의미의 점유 개념보다 더욱 확장된다. 예컨대, 현행 민법이 간접점유까지 민법상 점유로 인정하고 있는 것을 거론할 수 있다(민법 제194조). 그렇지만 다른 한편으로는 이러한 점유의 관념화 현상 때문에, 물건에 대한 사실적 지배를 뜻하는 본래 의미의 점유 개념보다 점유로 인정되는 범위가 더욱 축소되기도 한다. 점유보조자를 민법상 점유의 주체로 인정하지 않는 것이 그 대표적인 예이다(민법 제195조). 이와 달리 형법상 점유 개념에 따르면, 점유보조자는 물건, 즉 재물을 '소지'할 수 있다. 그러면 어떤 근거에서 민법상 점유 개념은 관념화되고 있는 것인가? 이에 대한 이유 역시 민법의 독자성에서 찾을 수 있다. 즉 민법이 독자적인 규범목적을 추구하기 때문에, 이에 발맞추어 점유 개념이 이렇게 관념화되고 있다고 말할 수 있는 것이다. 예를 들어, 민법은 간접점유까지 민법의 점유 개념

---

156) 민법학에서도 점유는 가장 대표적인 백지 개념에 속한다. 이에 대해서는 우선 양창수, "건물의 소유와 부지점유", 『민법연구』 제5권, 박영사, 1999, 402쪽; 여기서 양창수 교수는 독일의 민법학자 헥크(P. Heck)의 언명을 인용한다. 이에 관해서는 P. Heck, Grundriß des Sachenrechts, Tübingen1930, § 5, 5 (S. 21); 한편 민법상 점유 개념에 대한 기초적인 연구로는 이진기, "점유의 개념과 점유법: 점유법의 체계론적 이해", 『법학논총』(한양대) 제18집(2001. 12), 245-261쪽 등 참고.

으로 파악함으로써, 점유보호청구권(민법 제204조～제206조)의 적용범위를 더욱 확장할 수 있다. 또한 이렇게 점유 개념을 관념화함으로써, 민법 제758조 제1항이 규정하는 '공작물 등에 대한 점유자의 책임가능범위'를 더욱 확장할 수 있고, 이를 통해 피해자를 더욱 보호할 수도 있다. 반대로 통상 책임재산이 부족한 점유보조자를 민법상 점유 개념의 주체로 인정하지 않고, 그 대신 이러한 점유보조자를 고용하는 사용자를 점유의 주체로 파악함으로써, 책임재산을 더욱 충실하게 하고, 이를 통해 상대방을 더욱 보호할 수 있다. 이렇게 민법상 점유 개념은 민법이 설정한 규범목적을 달성하기 위해 관념화되는데, 바로 이러한 이유에서 형법상 점유 개념을 민법상 점유 개념과는 달리 파악해야 할 필요가 있는 것이다. 가령 어떤 경우에는 점유보조자 자신의 점유를 형법으로 보호해야 할 필요가 있을 것이고, 이와는 달리 형법의 보충성 · 단편성 · 최후수단성이라는 견지에서 간접점유를 형법의 보호대상에서 제외해야 할 필요가 생길 수도 있다.

그렇지만 이러한 구별이 항상 관철되는 것은 아니다. 때에 따라서는 민법상 점유와 형법상 점유를 동일하게 파악해야 하는 경우도 있을 수 있다. 위에서 언급한 부동산 명의신탁관계가 바로 그러한 예가 된다고 할 수 있다. 형법상 점유 개념을 엄격하게 관철하면, 부동산 명의신탁관계에서 점유자는 명의신탁자가 되어야 한다. 명의신탁자가 직접점유자이기 때문이다. 하지만 판례와 지배적인 학설은 명의수탁자를 형법상 횡령죄 구성요건의 보관자로 인정한다. 이는 곧 명의수탁자가 형법상 점유의 주체가 될 수 있다는 점을 보여준다. 바꿔 말해, 민법상 간접점유자인 명의수탁자에게도 형법상 점유를 귀속시키고 있는 것이다. 이러한 결론은 부동산 명의신탁관계에서 민법상 점유와 형법상 점유가 서로 교차하고 있다는 점을 잘 보여준다.

그렇다면 이러한 결론은 타당한가? 이렇게 부동산 명의신탁관계에서 민법상 점유와 형법상 점유를 동일하게 파악해도 문제는 없는 것일까? 이는 형법상 점유체계 전체를 파괴하는 것은 아닌가? 그렇지는 않다고 생각한다. 민법상 점유와 형법상 점유를 구별하는 것에서도 알 수 있듯이, 점유 개념은 - 모든 법 개념이 그런 것처럼 - 원래 선험적으로 주어진 것은 아니다. 점유 개념은 일정한 평가관점에 입각하여 그 의미내용 및 외연이 확정되는 개념이다. 따라서 점유 개념을 그 규범적 의미내용이 항상 고정되어 있는 것으로 새길 수는 없다. 만약 충분한 평가관점과 근거를 제시할 수 있다면, 점유 개념 역시 구체적인 상황이나 일정한 유형에 한해, 확장되거나 축소될 수 있다.[157] 그러므로 부동산 명의신탁관계에서 명의수탁자에 대해서도 보관자의 지위를 인정하여, 결과적으로 민법상 점유 개념과 형법상 점유 개념이 동일하게 된다고 해서 크게 문제될 것은 없다고 생각한다. 다만 여기서 한 가지 짚고 넘어가야 할 점은, 이렇게 부동산 명의신탁관계

157) 이는 법 개념을 해석하고 구체화하는 작업이 개별 사안과 결코 무관할 수 없다는 점을 시사한다. 이는 특히 1970년대를 전후로 하여 독일에서 성장한 '법해석학'이 강조한 테제이기도 하다. 가령 독일의 법철학자 카우프만(Arth. Kaufmann)은 이를 '존재와 당위의 상응'(Entsprechung von Sein und Sollen)이라고 인상 깊게 표현하기도 하였다. 이에 관해서는 Arth. Kaufmann, Analogie und · Natur der Sache , Heidelberg 1965.

에서 형법상 점유 개념을 확장하는 것이 충분하고도 설득력 있는 근거를 갖고 있는가 하는 점이다. 이러한 의문은 명의신탁약정을 형법으로 보호할 필요가 있는가, 라는 궁극적인 물음과도 연결된다. 여기서 일단 결론부터 말한다면, 부동산 명의신탁관계에서 형법상 점유 개념을 확장하는 것은 타당하다고 생각한다. 왜냐하면, 명의신탁약정을 위반한 명의수탁자는 형법으로 처벌할 필요가 있다고 생각하기 때문이다. 달리 말해, 명의신탁약정을 위반한 명의수탁자의 행위에 대해서는 '당벌성'(Strafwürdigkeit)을 인정할 수 있다고 생각한다.[158)]

명의신탁약정의 형법상 보호필요성

그러나 이러한 결론에 대해서는 다시 다음과 같은 의문을 던질 수 있다. 즉 부동산 명의신탁은 '탈세'와 같은 탈법행위를 목적으로 하여 행해지는 경우가 일반적인데, 이러한 부동산 명의신탁을 굳이 형법으로 보호할 필요가 있는가 하는 점이다. 이러한 의문은, 부동산 명의신탁을 계속해서 형법으로 보호하면 결국 형법이 탈법행위를 보호하게 된다는 우려를 담고 있다. 이러한 근본적인 의문은 명의신탁약정을 형법상 위탁관계로 파악할 필요가 있는가 하는 형법 도그마틱의 문제로 구체화된다.

---

158) 이러한 '당벌성' 개념은 형법상 법익 개념과 연결된다. 왜냐하면, 형법상 법익을 침해하는 행위를 당벌적인 행위로 평가할 수 있기 때문이다. 형법상 법익 개념에 관해서는 양천수, "19세기 독일 형법학에서 전개된 법익 개념 - 理念史를 중심으로 하여 -", 『법사학연구』 제38호(2008. 10), 77-106쪽 참고.

그렇다면 이러한 문제제기는 적절한가? 결론부터 말하면, 이러한 문제제기는 다소 성급한 것이라고 생각한다. 왜냐하면, 부동산 명의신탁이라고 해서, 모두 탈법행위를 목적으로 하는 것은 아니기 때문이다. 이는 부동산 명의신탁이 본래 어떤 이유에서 시작하였는지 역사적으로 검토해 보더라도 금방 알 수 있다. 본래 부동산 명의신탁은 일제 강점기 때 종중재산을 등기할 방법이 없어서 변칙적으로 등장한 수단이다. 그것은 애초부터 탈법행위를 저지르기 위한 목적으로 등장한 것은 아니었다. 또한 실제 거래관계에서는 여러 가지 이유에서 부동산 명의신탁이 이루어지기도 한다. 예를 들어, 부동산 등기법이 규정하는 복잡한 절차를 거치지 않기 위해 편의상 행하는 상호명의신탁이나, 가족 상호간에 하게 되는 부동산 명의신탁 등을 들 수 있다. 이러한 경우에 행하는 부동산 명의신탁을, 탈법행위를 목적으로 행하는 부동산 명의신탁과 동등하게 파악할 수는 없다고 생각한다. 그 때문에 부동산실명법도 제2조와 제8조에서 일정한 예외를 인정하고 있는 것이다. 그러므로 명의신탁약정이라고 해서, 이를 일률적으로 형법이 보호할 필요가 없다고 말하는 것은 너무 성급한 판단이다. 구체적인 상황을 정확하게 분석한 결과 당해 부동산 명의신탁이 탈법행위라는 점이 분명하게 드러났을 때만, 형법이 보호하는 대상에서 제외하는 것을 고려할 수 있다고 생각한다.

이러한 이유 외에 다음과 같은 법철학적인 근거를 한 가지 더 추가할 수 있다. 법철학의 관점에서 볼 때, '불법'(Unrecht)은 항상 고정되어 있는 개념이 아니다. '불법' 개념은 시간과 공간에 따라 변할 수 있는 개념이다. 왜냐하면, 불법의 기초가 되는 법규범 자체가 시간과 공간에 따라 변할 수 있는 것이기 때문이다. 물론 전통적인 자연법이론에 따르면,[159] 실정법의 실질적 근거가 되는 '자연법'(Naturrecht)은 고정불변한 실체이고, 따라서 실질적인 불법 역시 고정되어 변하지 않는 것이라고 말할 수 있다. 하지만 지난 20세기에 들어와 등장한 자연법론 가운데서도 이렇게 전통적인 자연법론, 즉 '추상적 자연법론'을 주장하는 경우는 많지 않았다. 오히려 시간과 공간에 따라 변하는 '구체적 자연법론'을 주장하는 경우가 더 많았다.[160] 또한 법규범 자체를 민주주의에 토대를 둔 '법적 대화'(juristischer Diskurs)의 결과물로 파악하는 견해에 따르더라도,[161] 법 그리고 불법은 법적 대화에 참여하는 모든 관련자들의 토론과 논증을 통해 '그때그때 달라질 수 있는' 결과물이라고 말할 수 있다. 그러므로 오늘날 지배적인 법철학적 관점에서 볼 때, '고정되어 변하지 않는 불법'이라는 개념은 생각하기 쉽지 않다.

그런데 이러한 불법 개념을 부동산 명의신탁에 적용하면, 의미 있는 결과를 얻을 수 있다. 앞서 말한 것처럼, 부동산 명의신탁은 원래 일제 강점기 때 일제가 강제적으로 시행한 부동산 등기법의 문제 때문에 등장한 법적 수단이다. 그 당시만 해도 부동산

---

159) 자연법이론에 관해서는 우선 한스 벨첼, 박은정 (옮김), 『자연법과 실질적 정의』, 삼영사, 2001; 박은정, 『자연법사상: 실천을 위한 보편이론』, 민음사, 1987 등 참고.

160) 구체적 자연법론에 대해서는 심재우, "사물의 본성과 구체적 자연법", 『법철학연구』 제2권(1999), 31쪽 아래.

161) 이러한 견해를 대변하는 경우로서 J. Habermas, Faktizität und Geltung, 2. Aufl., Frankfurt/M. 1994 참고; 이러한 하버마스의 견해를 소개하는 문헌으로는 이상돈, 『기초법학』, 법문사, 2008, 단락번호 [2] "법과 대화이론" 참고.

명의신탁은 불법적인 수단도, 그렇다고 탈법적인 수단도 아니었다. 하지만 그 후 부동산 명의신탁이 각종 탈세 및 부동산투기 등과 같은 재산증식을 목적으로 하여 이용되면서, 부동산 명의신탁은 점차 탈법행위라는 평가를 받게 되었다. 그렇지만 부동산 명의신탁이 '탈법'이라는 평가는, 아직 '세법'과 같은 공법적인 견지에서만 존재하는 것이었다. 부동산 명의신탁은 사법상으로는 여전히 합법적인 수단으로 평가되었다. 이러한 사정은 지난 1990년 '부동산등기 특별조치법'이 제정된 이후에도 여전히 유지되었다. 대법원 판례가 보여주는 것처럼, 부동산 명의신탁은 공법적으로만 위법할 뿐이었고, 사법상으로는 여전히 유효한 것이었다. 그러나 지난 1995년 '부동산실명법'이 제정되면서, 이러한 상황은 바뀌게 되었다. 부동산실명법을 통해 이제 부동산 명의신탁은 공법상으로뿐만 아니라, 사법상으로도 위법한 것으로 평가되기에 이르렀다. 이를 정리하면, 부동산 명의신탁에 대한 법적 평가는 다음과 같이 변모하였다고 말할 수 있다.

〈도식〉 부동산 명의신탁에 대한 법적 평가의 변화

합법행위 ⇨ 탈법행위(공법상으로는 위법+사법상으로는 합법)
⇨ 위법행위(공사법상 모두 위법)

이는 부동산 명의신탁을 형법적인 측면에서 평가하는 데 시사하는 바가 크다. 먼저 부동산 명의신탁이 여전히 합법행위로 평가받고 있을 때에는, 명의신탁약정을 위반한 명의수탁자의 행위를 형법으로 규제해야 할 필요가 강하게 요청된다. 그렇다면 부동산 명의신탁이 탈법행위로 평가받을 때에는 어떠한가? 이 경우에도 명의신탁약정을 여전히 형법으로 보호할 필요가 있다고 생각한다. 비록 공법상으로는 부동산 명의신탁이 위법한 것이라 할지라도, 사법상으로는 여전히 유효한 것이라고 평가할 수 있기 때문이다. 그러므로 설사 탈법을 목적으로 명의신탁약정을 체결했다 하더라도, 이 명의신탁약정은 일단 형법을 통해 보호받아야 할 필요가 있다. 그러나 부동산 명의신탁이 공법적으로뿐만 아니라, 사법적으로 무효가 된다면, 사정은 달라진다. 이러한 경우에도 부동산 명의신탁을 형법으로 보호해야 할 필요가 있는지에 관해서는 의문이 없지 않다. 이는 아래 제4장 III.3에서 자세하게 검토할 것이다.

명의신탁 부동산의 타인 재물 해당성

세 번째 문제로서 부동산 명의신탁의 목적 부동산이 '타인의 재물'에 속하는지 문제된다. 이 문제는 특히 판례에서 쟁점이 되었던 사항으로, 한 때 판례는 명의신탁 부동산이 타인의 재물에 해당하지 않는다고 보기도 하였다.

판례의 전개

먼저 판례가 이 문제에 대해 어떤 태도를 취해 왔는지를 간략하게 검토한다. 원래 판례는 명의신탁 부동산을 명의수탁자가 제3자에게 처분한 경우 횡령죄를 인정하지 않았다. 그 이유는, 명의수탁자는 대외적으로는 명의신탁 부동산에 대해 외부적 소유권을 취득하기 때문이라고 한다. 이러한 태도는 대법원 1970.8.31. 선고 70도1434 판결에서 잘 드러난다. 이 판결의 사실관계는 다음과 같다. 이 사건에서 피해자는 피고인과 함께 문제가 된 목적 부동산인 대지와 건물을 매수하였다. 그리고 나선 나중에 분필 및 구분등기를 하기로 하고, 일단은 피고인 명의로 전체 대지와 건물을 신탁하였다. 그런데 그 후 명의수탁자인 피고인은 명의신탁자인 피해자의 승낙 없이 제3자에게 이 대지 및 건물 전체에 대해 소유권이전의 가등기와 근저당권설정 등기를 경료해 주었다. 이에 검사는 피고인을 횡령죄로 기소하였다. 이 사건은 이른바 상호명의신탁이 문제가 된 사안이라고 할 수 있다. 그런데 이에 대해 대법원은 다음과 같이 판시하였다.

"(…) 위와 같이 피고인은 본건 부동산에 대한 고유의 지분과 아울러 피해자로부터 신탁 받은 동인의 지분에 대한 적법한 등기에 의하여 그 부동산을 피고인의 단독명의에 소유권이전등기 및 보존등기를 경료하였다는 것인 즉, 위 대지 및 건물은 **대외적 관계에 있어서는 피고인의 단독소유**라고 할 것이고, 위 피해자가 설사 위 부동산의 실질적인 공유자였다고 할지라도 그의 지분을 명의신탁에 의하여 피고인 단독명의로 등기하기를 승낙하고 그 지분에 관한 자신명의로 지분등기를 경료한 바 없는 이상 그를 위 지분에 대한 소유권자라고는 할 수 없는 것인 즉 피고인이 위 명의신탁관계에 있어서의 임무에 위배하여 그 부동산 전부를 타에 처분하였다 한들 그 소위를 횡령죄에서 말하는 **타인의 재산을 보관하는 자가 그 재물을 횡령하는 행위라고는 볼 수 없을 것**이므로 (…)"(피해자와 피고인의 인명을 삭제하였다. 강조는 인용자가 부가한 것이다. 이하 같다).

이처럼 판례는 명의신탁 부동산은 타인의 재물에 속하지 않으므로, 횡령죄가 성립하지 않는다는 태도를 취하였다. 하지만 이러한 태도는 대법원 1971.6.22. 선고 71도740 전원합의체 판결을 통해 변경된다. 이 판결의 사실관계는 다음과 같다. 원래 이 사건의 대상 부동산인 임야는 피해자인 종중 소유였다. 이를 공동 피고인 가운데 한 명에게 명의신탁 하였다. 이에 공동 피고인은 이 부동산을 처분하기로 마음먹고, 제3자의 대리인에게 이 임야를 처분하였다. 이에 검사는 위 공동 피고인을 횡령죄의 공동정범으로 기소하였다. 이 판결에서는 다수의견과 소수의견이 대립하였는데, 다수의견은 다음과 같은 논거로써 무죄를 선고한 원심을 파기환송 하였다.

"그러나 이 사건 토지가 피해자 소유로서 피고인에게 신탁되어 같은 피고인 명의로 소유권보존등기가 되어 있는데 피고인 양명이 공모하여 이것을 타인에게 처분하였다면 이것은 **피고인이 점유하는 위 피해자 소유의 이 사건 토지를 횡령하는 행위**라 할 것이다. 이러한 견해와 저촉되는 당원 1970.8.31. 선고 70도1434 판결은 이 판결로 폐기하기로 한다."

이러한 다수의견의 태도는 종전 민사판례에서 대법원이 고수해 오던 '소유권의 관계적 귀속'을 형사판례까지 확장한 것이라고 말할 수 있다. 이에 대해 위 전원합의체 판결의 소수의견은 다음과 같은 논거로써 횡령죄 성립을 부정한다.

"(…) 본건 토지가 원래 피해자의 소유이었던 것을 피고인에게 명의신탁하여 그의 명의로 소유권 보존등기가 경료된 것이었다 할지라도 그 등기가 경료되어 있는 이상 현행 민법상 그 토지는 **대외적 관계에서는 물론 대내적 관계에 있어서도 위 피고인의 소유**였다고 할 것(민법 제187조 소정의 경우에 한하여 등기없는 소유권을 인정하고 있다)이므로 설사 위 등기명의자인 피고인이 공동 피고인과 공모하여 그 토지를 제3자의 대리인에게 매도하였다 한들 그것은 형법 제355조 제1항 소정의 횡령죄를 구성하는 행위였다고는 볼 수 없다고 할 것인즉 (…)"

이처럼 소수의견은 횡령죄 성립을 부정하고 있는데,[162] 여기서 한 가지 주목할 만한 점이 보인다. 즉 소수의견은 부동산 명의신탁에서 신탁 부동산의 소유권이 외부적 · 내부적으로 모두 명의수탁자에게 이전한다고 말하고 있다. 이러한 태도는 종전의 민사판례에서 대법원이 보여준 태도와는 차이가 있는 것으로서, 실질적으로는 신탁행위이론이 주장하는 것과 같은 결론에 이르고 있다. 그러나 이는 어디까지나 소수의견이 제시한 것에 불과하였

162) 물론 그렇다고 해서 배임죄까지 부정하고 있는 것은 아니다.

다. 그 이후에도 대법원 판례는 이와 같은 사안에서 확고하게 횡령죄 성립을 긍정하는 태도로 일관하였다.[163)]

학설

태도가 한 번 바뀌기도 했던 판례에 비해, 학설은 이 문제에 대해 그리 심각하게 고민하지는 않았던 것 같다. 예컨대, 부동산실명법이 제정되기 전의 대표적인 형법각론 교과서는 이 문제에 대해 다음과 같이 말하고 있을 뿐이다.[164)]

"(…) 따라서 부동산을 명의신탁받은 자도 그 부동산의 보관자가 되므로 이를 처분한 때에는 횡령죄가 성립하는 것이다. 대법원은 종래 명의신탁에 있어서는 그 부동산의 소유권이 대외관계에서 수탁자의 소유이므로 타인의 재물이 아니라는 이유로 횡령죄의 성립을 부정하였으나, 그 후 전원합의체판결에 의하여 그 태도를 변경하고 이러한 경우에도 타인의 재물을 보관한 때에 해당한다고 하여 횡령죄가 성립한다고 판시하였다."(원문의 한자는 모두 한글로 바꾸었다. 이하 같다)

이러한 상황은 다른 형법각론 교과서에서도 크게 다르지 않은 것 같다. 대부분 변경된 판례의 태도를 좇아 명의신탁 부동산을

---

163) 가령 대법원 1987. 12. 8. 선고 87도1690 판결 등 참고.
164) 이재상, 『형법각론』, 박영사, 1990, 349쪽.

타인의 재물로 인정하고 있을 뿐이다.[165] 즉 판례에 따르면, 내부적 소유권은 명의신탁자에게 있으므로, 만약 명의수탁자가 명의신탁 부동산을 제3자에게 처분하면 이는 명의신탁자의 내부적 소유권을 침해하는 것이 되어 횡령죄가 성립한다는 것이다.

검토

이러한 판례와 학설의 태도는 타당한가? 만약 판례를 따라 부동산 명의신탁에서는 소유권이 관계적으로 분열된다는 점을 인정하면, 이의 논리적 귀결로서 명의신탁 부동산의 내부적 소유권은 명의신탁자에게 귀속되고, 따라서 만약 명의수탁자가 명의신탁 부동산을 제3자에게 처분하면, 횡령죄가 성립하게 된다. 그렇지만 만약 민법상 신탁행위이론이 주장하는 것처럼 부동산 명의신탁을 신탁행위로 구성하면, 이러한 판례의 태도와는 다른 결론이 나올 수 있다. 왜냐하면, 신탁행위이론에 따르면, 명의신탁 부동산의 소유권은 외부적으로나 내부적으로나 모두 명의수탁자에게 이전하기 때문이다. 그러므로 신탁행위이론에 따르면, 명의수탁자가 관리하는 명의신탁 부동산은 '타인'의 재물이 될 수 없다. 명의신탁약정에 따라 명의신탁 부동산을 경제적으로 사용하는 것에 제한을 받고 있기는 하지만, 명의신탁 부동산은 분명 명의수탁자 자신의 재물에 해당한다. 따라서 이러한 신탁행위이론

---

165) 부동산 명의신탁에 관해 깊이 있는 연구를 수행한 손동권 교수도 판례의 태도에 따라 이 문제를 간단하게 서술한다. 손동권, "명의신탁 부동산의 처분행위에 대한 횡령죄의 성립여부 - 특히 '부동산실권리자명의등기에 관한 법률'과 관련하여 - ", 『고시연구』(1997. 12), 42-43쪽.

에 따르면, 명의수탁자가 명의신탁 부동산을 제3자에게 처분하더라도, 이에 대해 횡령죄를 인정하기 어렵다.

그렇다면 신탁행위이론에 따라 명의신탁 부동산의 소유권이 명의수탁자에게 완전하게 이전한다고 보는 경우에는, 명의수탁자가 명의신탁 부동산을 제3자에게 처분하더라도 이를 형법상 무죄로 취급해야 하는가? 그렇지는 않다. 이 경우에는 형법상 배임죄(제355조 제2항)로 처벌할 수 있다고 생각한다. 왜냐하면, 명의신탁약정에 따라 이루어지는 명의신탁 부동산 관리는 명의수탁자의 입장에서 볼 때 '타인의 사무'에 속하고, 따라서 명의신탁약정에 위반하여 부동산을 제3자에게 처분하는 것은 '임무에 위배한 행위'에 해당한다고 볼 수 있기 때문이다. 물론 여기서 명의신탁약정에 따른 명의신탁 부동산 관리가 과연 타인의 사무처리에 속하는지에 대해 의문을 제기할 수 있다. 왜냐하면, 신탁행위이론에 따르면, 신탁 부동산은 명의수탁자의 소유에 속하고, 따라서 신탁 부동산을 관리하는 것은 자신의 재산을 관리하는 것이라고 볼 수 있는 이상, 이것은 타인의 사무를 처리하는 것이 아니라, 자신의 사무를 처리하는 것이라고 해석할 수도 있기 때문이다. 이러한 문제제기는 배임죄 구성요건에서 말하는 '타인의 사무처리'가 구체적으로 무엇을 뜻하는가, 라는 어려운 문제와 연결된다.[166] 그렇지만 명의신탁약정에 한정해서 볼 때, 명의신탁약정에 따라 발생하는 재산관리의무를 '자기의 사무처리'라고 해석하는 것은 타당하지 않다고 생각한다. 그 이유는 명의신탁약정이야말로 부

166) 이 문제에 대해서는 이재상, "횡령과 배임", 『고시계』 제384호(1989. 2), 65-74쪽.

동산 명의신탁이 형성되는 데 가장 결정적인 기여를 하는 구성요소이기 때문이다. 신탁행위이론이 주장하는 것처럼 명의신탁 부동산이 명의수탁자에게 완전하게 이전한다고 보더라도, 명의신탁 부동산은 명의신탁약정에 따라 명의신탁자의 경제적 이익향유에 봉사해야 한다. 명의수탁자는 이러한 목적을 실현할 수 있도록 명의신탁 부동산을 관리해야 한다. 그러므로 명의신탁약정에 따라 명의수탁자가 부담하는 재산관리의무는 자신을 위한 의무가 아니라, 타인을 위한 의무라고 새겨야 한다. 명의신탁약정에 따라 이루어지는 재산관리의무는 명의수탁자가 아닌 명의신탁자의 경제적 이익향유를 목적으로 하기 때문이다. 그러므로 만약 명의수탁자가 명의신탁 부동산을 제3자에게 처분하면, 이는 명의수탁자가 타인의 사무를 처리해야 한다는 의무를 위반하여 명의신탁자에게 재산상 손해를 입힌 것이 되므로, 명의수탁자는 배임죄의 죄책을 짊어져야 한다.

한편 현행 형법은 횡령죄와 배임죄의 형량을 동일하게 규정한다.[167] 이렇게 보면, 명의신탁약정에 위반하여 제3자에게 명의신탁 부동산을 처분한 명의수탁자를 횡령죄로 처벌할 것인가, 아니면 배임죄로 처벌할 것인가 하는 문제는 – 결과 면에서 차이가 없으므로 – 그다지 중요한 문제가 아닐 수도 있다. 어쩌면 바로 이러한 이유에서 그 동안 학설은 이 문제에 대해 크게 고민하지 않은 것인지도 모른다. 그러나 형법 도그마틱의 측면에서 보면, 비록 결과 면에서 큰 차이가 없다 하더라도, 어떤 범죄구성요건으

167) 양자 모두 5년 이하의 징역 또는 1천 5백만 원 이하의 벌금에 처한다. 형법 제355조 참고.

로 처벌받을 수 있는가를 치밀하게 분석하는 것도 그 나름대로 의미가 없지 않다고 생각한다.

횡령 · 배임의 기수시기

이렇게 명의수탁자가 명의신탁 부동산을 제3자에게 처분하는 것이 형법상 횡령죄 또는 배임죄의 구성요건에 해당한다고 할 때, 이와 관련하여 추가적으로 제기할 수 있는 의문이 한 가지 더 있다. 횡령 또는 배임의 기수시기가 언제인가 하는 의문이 바로 그것이다.

횡령죄의 기수시기

먼저 판례와 지배적인 학설이 주장하는 것처럼, 이렇게 명의신탁 부동산을 제3자에게 처분한 명의수탁자의 행위가 횡령죄의 구성요건을 충족한다고 보면, 그 기수시기가 언제인지 문제된다.[168] 횡령죄의 기수시기에 관해서는 견해가 대립한다.[169] 다수견해에 따르면, 횡령죄는 수탁자가 불법영득의사를 외부적으로 표현하기만 하면 기수가 된다고 한다(표현설). 다시 말해, 불법영득의사를 객관적 · 외부적으로 표현하기만 해도, 횡령죄는 기수가 된다고 한다. 그 때문에 횡령죄에서는 미수를 생각하기가 쉽지 않다고 말한다. 따라서 이 견해에 따르면, 부동산 명의신탁에서는

168) 간략하게나마 이를 논하는 것으로서 손동권, 앞의 논문(주165), 42-44쪽 참고.

169) 이러한 견해대립에 관해서는 우선 배종대, 앞의 책(주3), 524-525쪽.

명의수탁자가 제3자와 명의신탁 부동산을 처분하기 위한 매매계약을 체결하는 순간 횡령죄의 기수가 된다. 하지만 이와는 달리, 횡령행위를 실현하였을 때 비로소 횡령죄의 기수가 된다는 견해도 주장된다(실현설).[170] 이 견해에 따르면, 횡령죄의 미수규정(형법 제359조)을 두고 있는 형법의 규정취지에서 볼 때, 영득행위가 실현되었을 때 비로소 횡령죄의 기수를 인정하는 것이 타당하다고 한다. 그렇다면 이에 대해 판례는 어떤 태도를 취하는가? 판례는 실현설과 비슷한 태도를 보인다. 따라서 실현설에 따르면, 부동산 명의신탁에서 명의신탁 부동산을 처분하는 경우에는 이전등기를 경료하였을 때, 명의신탁 부동산에 근저당권을 설정하는 경우에는 근저당권 설정등기를 경료하였을 때 횡령죄의 기수가 성립한다고 한다.[171]

그렇다면 과연 어떤 견해가 타당한가? 일단 횡령죄의 기본구조를 생각하면, 표현설이 설득력 있어 보인다. 왜냐하면, 통상의 경우에는 횡령자가 횡령의 목적물을 점유하기 마련이기 때문이다. 이러한 이유에서 횡령죄에서는 불법영득의사가 외부적 · 객관적으로 표현되기만 하면 기수가 된다고 보는 듯하다. 그러나 이러한 해석은 횡령죄에 대한 독일 학계의 해석론을 무비판적으로 수용한 것이 아닌가 한다. 그 이유를 다음과 같이 말할 수 있다.

앞에서도 잠시 언급하였지만,[172] 독일 형법은 횡령죄의 객체를

170) 이를 주장하는 문헌으로 김일수, 『한국형법 III』, 박영사, 1997, 642쪽 아래; 손동권, 앞의 논문(주165), 43쪽.

171) 대법원 1985. 9. 10. 선고 85도86 판결.

172) 위의 제4장 II.2.(1) 참고.

타인의 동산으로 한정한다. 그런데 우리 민법과 마찬가지로, 독일 민법은 동산의 소유권을 이전시키기 위해서는 '소유권 이전에 관한 합의'(물권적 합의)와 '인도'를 구성요건으로 필요로 한다고 규정한다(독일 민법 제929조).[173] 따라서 동산은 물권적 합의와 인도만 갖추면, 그 소유권이 이전된다. 그렇지만 동산 소유권이 이전되기 위해서 반드시 인도가 필요한 것은 아니다. 동산 양도담보에서 흔히 볼 수 있는 것처럼, 동산의 경우에서는 점유개정만으로도 소유권을 이전할 수 있다(독일 민법 제930조).[174] 또한 목적물을 제3자가 점유하고 있을 때에는 반환청구권을 양도하는 것만으로 소유권을 이전할 수도 있다(독일 민법 제931조).[175] 그러므로 동산의 경우에는 수탁자가 동산을 횡령하기 위해 굳이 제3자에게 인도까지 할 필요는 없다는 결론을 도출할 수 있다. 자신의 불법영득의사를 외부적 · 객관적으로 표현하는 것만으로도 수탁자는 충분히 동산의 소유권을 취득하여 횡령할 수 있는 것이다.

하지만 우리 형법처럼 부동산도 횡령죄의 객체가 될 수 있다고 보는 경우에는 문제가 달라진다. 우리 민법상 부동산은 – 동산과

---

173) 독일 민법 제929조: "동산소유권의 양도에는 소유자가 양수인에게 물건을 인도하고 또 쌍방이 소유권의 이전에 합의하는 것을 요한다. 양수인이 물건을 점유하고 있는 경우에는 소유권 이전의 합의로 족하다." 번역은 기본적으로 양창수 (역), 『2005년판 독일 민법전 – 총칙·채권·물권 – 』, 박영사, 2005를 따랐다.

174) 독일 민법 제930조: "소유자가 물건을 점유하고 있는 경우에는 그와 양수인 간에 양수인이 간접점유를 취득하게 하는 법률관계를 합의함으로써 인도에 갈음할 수 있다."

175) 독일 민법 제931조: "제3자가 물건을 점유하고 있는 경우에는 소유자가 양수인에 대하여 물건의 반환청구권을 양도함으로써 인도에 갈음할 수 있다."

는 달리 - 반드시 등기해야만 소유권을 양도할 수 있다(민법 제186조).[176] 동산처럼 점유개정이나 반환청구권 양도를 통해 부동산 소유권을 이전하는 것은 허용되지 않는다. 따라서 명의수탁자가 제3자에게 부동산 소유권에 대한 등기를 경료해 주지 않는 한, 명의수탁자가 목적 부동산을 횡령하였다고 말할 수는 없다. 그러므로 동산과는 달리 부동산을 횡령하는 경우에는, 불법영득의사가 객관적 · 외부적으로 표현되는 것만으로는 부족하고, 등기이전 등을 통해 횡령행위가 실현되었을 때 비로소 횡령죄가 기수가 된다고 해석하는 것이 타당하다. 이렇게 해석하는 것이, '소유권의 자유로운 향유'를 횡령죄의 보호법익으로 파악하는 것과도 부합할 뿐만 아니라,[177] 횡령죄의 미수규정을 두고 있는 우리 형법의 태도에도 합치한다.

결국 횡령죄의 기수는 횡령행위를 구체적으로 실현하였을 때 성립한다고 보아야 한다. 동산의 경우에는 인도나 의사표시 등을 통해 불법영득의사가 객관적 · 외부적으로 드러났을 때, 부동산의 경우에는 소유권 이전등기나 근저당권 설정등기 경료를 통해 횡령행위가 실현되었을 때 횡령죄의 기수가 성립한다. 그러므로 부동산 명의신탁에서는 명의수탁자가 제3자에게 매매계약을 통해 목적 부동산의 소유권 이전등기를 경료해 주었을 때, 또는 금전소비대차계약과 근저당권 설정계약을 통해 근저당권 설정등기를 경료해 주었을 때 횡령죄의 기수가 된다고 해석해야 한다.

---

176) 물론 민법 제187조의 예외가 있긴 하다.
177) 배종대, 앞의 책(주3), 505-506쪽.

배임죄의 기수시기

위에서 언급한 것처럼,[178] 신탁행위이론에 따라 부동산 명의신탁을 바라보면, 명의수탁자가 제3자에게 명의신탁 부동산을 처분하는 행위는 횡령죄가 아니라 배임죄를 구성한다고 말할 수 있다. 그런데 이 경우에도 – 횡령죄의 경우와 마찬가지로 – 배임죄의 기수시기가 문제된다. 즉 부동산 명의신탁에서는 명의수탁자가 제3자와 매매계약을 체결한 순간 배임죄의 기수가 성립하는 것인지, 아니면 매매계약을 체결하고 중도금 · 잔금까지 수령한 후 소유권 이전등기까지 경료해 주어야 비로소 배임죄의 기수가 성립하는 것인지 문제된다. 이 문제는 그 동안 대부분의 학설이 명의신탁약정에 위반한 명의수탁자의 명의신탁 부동산 처분행위를 횡령죄로 취급하였기 때문에, 충분히 논의되지 않았던 것 같다. 그런데도 이 문제는 횡령죄의 기수시기 문제보다 비교적 어려움이 덜 하다고 생각한다. 왜냐하면, 형법 제355조 제2항은 제1항과는 다르게 규정하고 있기 때문이다.

형법 제355조 제2항은, "타인의 사무를 처리하는 자가 그 임무에 위배하는 행위로써 재산상의 이익을 취득하거나 제3자로 하여금 이를 취득하게 하여 본인에게 손해를 가한 때에" 배임죄가 성립한다고 규정한다. 여기서 알 수 있듯이, 형법 제355조 제2항은 제1항이 규정하는 횡령죄에 비해, '타인의 사무처리 위반' 이외에 '재산상 이득취득'과 '손해발생'을 배임죄의 구성요건으로 규정하고 있다. 그러므로 배임죄의 기수가 성립하려면, 형법 제355조

178) 위의 제4장 II.2.(3)(c) 참고.

제2항이 배임죄의 객관적 구성요건요소로 규정하는 '재산상 손해' 요건까지 충족해야 한다. 이를 부동산 명의신탁에 적용하면, 배임죄의 기수는 명의수탁자가 제3자에게 최종적으로 소유권 이전등기나 근저당권 설정등기를 경료해 주었을 때 성립한다고 말할 수 있다. 민법 제186조에 따라 등기를 통해 소유권이 이전되거나, 근저당권이 설정되었을 때 비로소 명의신탁자에게 재산상 손해가 발생했다고 해석할 수 있기 때문이다.

그러나 이러한 해석에 대해서는 다음과 같은 반론을 제기할 수도 있다. 즉 형법에서 말하는 '재산상 손해' 개념은 반드시 민법에서 말하는 '재산상 손해' 개념과 동일하게 파악할 필요는 없고, '형법상 재산상 손해'는 소유권 향유에 대한 위험이 발생한 순간 발생했다고 볼 수도 있으므로,[179] 부동산 명의신탁에서는 명의수탁자가 제3자와 매매계약을 체결한 후 계약금이나 중도금을 취득한 순간 배임죄의 기수가 성립할 수 있다는 반론이 그것이다. 이러한 반론은 '형법의 독자성'을 강조하면서, 이에 따라 재산상 손

179) 대법원 판례는 배임죄에서 말하는 재산상 손해를 '현실적인 손해'뿐만 아니라, '실해발생의 위험'이 나타난 경우까지 포함하여 파악한다. 하지만 이렇게 손해 개념을 파악하면서도, 결론 면에서는 대부분 등기이전 시점을 손해발생 시점으로 이해한다. 가령 대법원 1993. 5. 27. 선고 93도169 판결은 "위임받은 타인의 사무가 부동산소유권이전등기의무인 경우에는 매도인의 임무위배행위로 인하여 매수인의 소유권이전등기청구권이 이행불능되거나 이행불능에 빠질 위험성이 있으면 배임죄는 성립한다."고 한다. 또한 대법원 1993. 9. 28. 선고 93도2206 판결은 "배임죄에 있어서 손해란 현실적인 손해가 발생한 경우뿐만 아니라 재산상의 위험이 발생된 경우도 포함되므로 피해자와 주택에 대한 전세권설정계약을 맺고 전세금의 중도금까지 지급받고도 임의로 타에 근저당권설정등기를 경료해 줌으로써 전세금반환의무에 대한 담보능력의 상실의 위험이 발생되었다고 보여진다면 위 등기경료행위는 배임죄를 구성한다."고 판시하고 있다.

해 개념도 형법에 맞게 재구성한 것이라고 할 만하다. 그렇지만 이 반론에 대해서는 다시 다음과 같이 재반론을 할 수 있다. 우선 손해 개념에 관해서는 민법학에서도 '차액설'이나 '경제적 이익 침해설'이라는 이름 아래 논란이 되고 있음을 상기할 필요가 있다.[180] 그만큼 민법학에서도 손해 개념은 다양한 스펙트럼을 지니고 있다. 따라서 형법상 배임죄에서 말하는 재산상 손해발생의 시점을 등기경료 시점이라고 해석한다고 해서, 이러한 해석이 반드시 민법에만 의존한, 다시 말해 형법의 독자성을 간과한 해석이라고 말할 수는 없다고 생각한다. 오히려 더욱 중요한 것은, 과연 어떤 손해 개념을 채택하는 것이 형법의 임무에 합치할 수 있는가 하는 점일 것이다. 둘째, 위의 반론이 주장하는 것처럼 배임죄의 기수 시점을 판단하면, 사실상 배임죄의 미수를 거의 인정할 수 없게 된다. 하지만 이러한 결과는 배임죄의 미수를 규정하고 있는 우리 형법의 태도와 합치하지 않는다. 셋째, 위의 반론처럼 배임죄의 기수 시점을 판단하면, 배임죄의 인정범위를 확장하여, 그 만큼 가벌성의 범위가 확장된다. 그러나 이러한 태도는 자칫 형법의 보충성 · 최후수단성 · 단편성에 반할 수 있다. 그러므로 배임죄에서 말하는 '재산상 손해' 개념은 가능한 한 좁게 해석하여, 배임죄가 기수로 인정될 수 있는 범위를 좁히는 것이 타당하다. 그러므로 부동산 명의신탁에서 배임죄가 기수가 되는 시점은, 명의수탁자가 제3자에게 최종적으로 소유권 이전등기를 경료해 주었을 때 또는 근저당권 설정등기 등을 경료해 주었을 때

180) 이에 관해서는 안법영, 앞의 논문(주2), 194쪽 아래 참고.

라고 보는 것이 타당하다.

제3자의 공범성립 여부

2자간 등기명의신탁에서 추가적으로 검토해야 할 문제는, 명의수탁자로부터 명의신탁 부동산을 처분 받은 제3자가 형법상 어떤 죄책을 지는가 하는 점이다. 이 문제는 다시 세 가지 측면으로 나누어 고찰해야 할 필요가 있다. 첫째, 명의신탁약정이 있다는 점을 알고 있는 악의의 제3자가 명의수탁자로부터 명의신탁 부동산을 넘겨받은 경우, 둘째, 제3자가 명의신탁 부동산을 처분하도록 명의수탁자를 교사하거나 또는 명의수탁자와 공모하여 명의신탁 부동산을 넘겨받은 경우, 셋째, 제3자가 명의수탁자를 기망하여 소유권을 넘겨받은 경우가 그것이다.

첫 번째 경우에서 악의의 제3자는 부동산 명의신탁 도그마틱에 따라 유효하게 소유권을 양도받을 수 있다. 그러므로 '법질서의 통일성'이라는 측면 그리고 '형법의 보충성'이라는 측면에서 제3자는 - 설사 그가 악의라 할지라도 - 횡령죄나 배임죄의 공범이 될 수 없다고 해석해야 한다. 또한 장물죄(형법 제362조)도 성립하지 않는다고 보아야 한다. 왜냐하면, 장물죄가 성립하려면, 선행행위로서 재산범죄가 존재하고 있어야 하는데, 이 경우에는 명의수탁자가 제3자에게 명의신탁 부동산을 처분하는 것 자체가 횡령 또는 배임이 되므로, 선행범죄가 존재한다고 볼 수 없기 때문이다. 또한 설사 명의수탁자가 이미 횡령한 명의신탁 부동산을 제3자에게 처분하는 것이라 하더라도, 민법 도그마틱상 제3자는 선의 · 악의를 불문하고 소유권을 취득하므로, 제3자의 행위는 장물죄의 구성요건을 충족하지 않는다고 보아야 한다(추구권설).[181)]

제3자가 명의수탁자를 적극적으로 교사하거나 공모한 경우에는 어떤가? 이러한 경우에는 민사판례도 민법 제103조 위반을 이유로 하여, 제3자는 소유권을 유효하게 취득할 수 없다고 한다. 따라서 이러한 경우에는 '법질서의 통일성'에 입각하여, 제3자에게 횡령죄 또는 배임죄의 교사범이나 공동정범을 인정할 필요가 있다. 하지만 종범은 성립할 수 없다고 보아야 한다. 왜냐하면, 종범에 해당하는 정도로만 명의수탁자의 처분행위에 가담한 경우에는 명의수탁자의 처분행위가 무효가 된다고 평가할 수 없기 때문이다.

이러한 경우에는 장물죄도 성립하는가? 명의수탁자가 이미 횡령한 명의신탁 부동산을 제3자인 자신에게 처분하도록 제3자가 교사 또는 공모하고, 이를 통해 명의신탁 부동산을 취득한 경우에는, 장물죄가 성립한다고 해석해야 한다. 다만 여기에는 한 가지 문제가 있다. 이미 언급한 것처럼, 판례는 이러한 경우 명의수탁자의 처분행위는 민법 제103조에 따라 무효가 된다고 한다.[182)] 그런데 이렇게 되면, 여기에 민법 제746조가 규정하는 '불법원인급여'가 적용될 여지가 있다. 일반적으로 민법 제103조와 제746조는 표리관계에 있다고 말하기 때문이다. 그러므로 만약 명의수탁자가 이미 장물이 된 명의신탁 부동산을 제3자에게 처분한 것이 민법 제103조에 위반하여 무효가 된다면, 이는 민법 제746조에 따라 불법원인급여에 해당하여, 원소유자인 명의신탁자는 물권적 반

181) 장물죄의 본질에 관해서는 김일수, 앞의 책(주170), 799쪽 아래 참고.
182) 대법원 1979. 7. 24. 선고 79다942 판결.

환청구권(민법 제213조)이나 부당이득반환 청구권(민법 제741조)을 행사할 수 없다. 이 때문에 결과적으로 형법상 장물죄가 성립하지 않을 수도 있다.[183] 그렇지만 민사판례는 이러한 문제를 해결하기 위해 '불법성 비교론' 등을 통해 이 경우에 불법원인급여가 적용되지 않는다고 하여, 명의신탁자가 소유권에 기하여 명의신탁 부동산을 반환받을 수 있도록 하고 있다.[184] 민법 해석론도 다양한 논증을 통해 이러한 경우에 민법 제746조가 적용되지 않도록 모색한다.[185] 따라서 이러한 민법학의 논의를 참고할 때, 위와 같은 경우에 굳이 형법상 장물죄가 성립하지 않는다고 해석할 필요는 없다고 생각한다.

제3자가 명의수탁자를 기망하여 명의신탁 부동산을 처분 받은 경우는 어떻게 취급해야 하는가? 일단 이 경우에는 명의수탁자가 불법영득의사나 불법이득의사를 갖고 있지 않으므로, 명의수탁자 자신의 처분행위는 횡령죄나 배임죄를 구성하지 않는다고 보아야 한다. 문제는 제3자의 기망행위를 어떻게 평가할 것인가 하는 점이다. 먼저 민법의 측면에서 보면, 이 경우 제3자가 유효하게 명의신탁 부동산에 대한 소유권을 취득할 수 있는지 의문이 될 수 있다. 그러나 제3자의 기망으로 인해 명의수탁자가 명의신

183) 추구권설을 취한다면, 이렇게 결론을 내리는 것이 논리일관적일 것이다. 그러나 위법상태유지설을 따른다면, 장물죄는 소유권 반환여부와는 무관하므로, 이러한 경우에도 장물죄가 성립할 수 있다.

184) 이에 관해서는 송덕수, "민법 제746조의 적용에 있어서 불법성의 비교", 『민사판례연구』[XⅧ](1996. 5), 316-349쪽 참고.

185) 이에 관해서는 우선 명순구, "불법원인급여에 관한 민법 제746조의 규범의미: 일본법이론 답습으로부터의 탈피와 새로운 시각의 모색", 『한일법학연구』 제16권(1997. 12), 3-26쪽 참고.

탁 부동산을 처분한 경우에는 민법 제110조 제2항에 따라 처분의 의사표시를 취소할 수 있다. 그러므로 명의수탁자는 처분의 의사표시를 취소하여, 명의신탁 부동산에 대한 소유권을 유효하게 돌려받을 수 있다. 나아가 형법의 측면에서 보면, 이 경우 사기죄(형법 제347조)가 성립한다고 보아야 한다. 제3자는 명의수탁자를 기망하여 착오에 빠트린 다음 처분행위를 하게 한 후, 이를 통해 명의신탁자에게 소유권 상실이라는 재산상 손해를 입혔기 때문이다. 그러나 이 경우에 장물죄는 성립하지 않는다고 보아야 한다. 선행 재산범죄 자체가 없기 때문이다.

3. 3자간 등기명의신탁에 대한 형법적 규제

명의수탁자가 명의신탁 부동산을 처분한 경우

명의수탁자가 원소유자인 제3자로부터 명의신탁 받은 부동산을 다시 다른 제3자에게 처분한 경우는, 2자간 등기명의신탁에서 명의수탁자가 제3자에게 부동산을 처분한 경우와 같은 구조를 이루고 있으므로, 2자간 등기명의신탁의 경우처럼 규제하면 된다.[186]

명의수탁자가 등기협력의무를 이행하지 않는 경우

문제는 명의수탁자가 등기협력의무를 이행하지 않는 경우이다. 즉 명의신탁자가 명의신탁약정을 체결한 후, 원소유자인 제3자와 부동산 매매계약을 체결하고 물권적 합의까지 하였는데, 명의수

186) 위의 제4장 II.2. 참고.

탁자가 등기이전에 협력하지 않아 부동산 소유권 등기가 원소유자로부터 명의수탁자에게 이전되지 못하는 경우에, 명의수탁자에게 형법상 어떤 책임을 물을 수 있는지 문제될 수 있다. 이 경우에는 일단 형법상 배임죄를 생각해 볼 수 있다. 명의수탁자가 등기협력의무를 이행하지 않은 것은 '타인의 사무처리'를 하지 않은 것이라고 볼 수 있고, 이 때문에 결과적으로 명의신탁자가 명의신탁약정의 목적을 달성하지 못했다고 볼 수 있기 때문이다. 그러나 이러한 주장이 성립하려면, 그 전에 과연 등기협력의무가 타인의 사무인지 밝혀야 한다.

어떤 사무를 배임죄에서 말하는 '타인'의 사무라고 볼 수 있을까?[187] 그러나 이 문제는 해결하기 쉽지 않은 문제이다. 어떤 사무가 '자기'의 사무인지, 아니면 '타인'의 사무인지 판단하는 것은 대부분 쉽지 않은 문제이기 때문이다. 그 이유를 다음과 같이 말할 수 있다. 배임죄 구성요건에서 말하는 '사무'는 통상 법률 아니면 계약을 통해 형성된다. 그런데 여기서 사무의 기초가 되는 계약의 경우를 보면, 보통 계약은 '쌍무성'이라는 성격을 띤다.[188] 그 때문에 계약당사자는 서로가 서로에 대해 권리를 행사하고 의무를 부담한다. 이러한 이유에서 쌍무계약을 통해 어떤 당사자가 의무로서 행해야 하는 사무는 자신의 (권리를 위한) 사무이기도 하지만, 동시에 타인의 (권리를 위한) 사무이기도 하다. 한 마디로 말해, 쌍무계약관계를 통해 발생하는 의무는 '상호적'인 성격

187) 이 문제에 관해서는 배종대, 앞의 책(주3), 538쪽 아래.

188) 이러한 '쌍무성'에 대한 분석은 명순구, "대차형계약의 쌍무·유상성 판단에 관한 비판적 시각", 『안암법학』 제13호(2001. 11), 291-314쪽 참고.

을 띤다.[189] 그런데 형법상 배임죄 구성요건에서 말하는 사무는 계약관계를 통해 형성되는 경우가 많다. 그래서 구체적인 사례에서 문제되는 사무가 - 그것이 계약을 통해 형성된 이상 - 자신의 사무인지, 아니면 타인의 사무인지 판단하는 것이 쉽지 않다. 계약을 통해 형성된 사무라면, 이 사무는 대부분 상호성원칙에 따라 한편으로는 자신의 사무이면서도, 다른 한편으로는 타인의 사무라고도 할 수 있기 때문이다. 이러한 상황은 3자간 등기명의신탁에서도 마찬가지로 찾아볼 수 있다. 명의수탁자가 이행해야 하는 등기협력의무는 명의수탁자가 명의신탁자와 체결한 명의신탁약성을 통해 부여된다. 그런데 통상 명의신탁약정은 쌍무적인 성격을 띤다. 가령 명의수탁자가 명의신탁 부동산을 관리하는 데 필요한 일체의 의무를 부담하는 대신, 이에 대한 반대급부로서 명의수탁자는 명의신탁자로부터 일정한 보수 또는 이에 상응하는 대가를 받기 때문이다. 그러므로 등기협력의무 역시 명의수탁자 자신을 위한 사무라고 할 수 있는 동시에, 명의신탁자라는 타인을 위한 사무라고도 할 수 있다. 그렇다면 이렇게 일정한 사무가 한편으로는 자기의 사무이면서도, 다른 한편으로는 타인의 사무라고 말할 수 있는 경우에는, 이를 모두 타인의 사무에 속한다고 보아, 모두 배임죄 구성요건을 충족할 수 있다고 보아야 할 것인가?

---

189) 이렇게 계약의 상호성을 지적하는 문헌으로서 이상돈, 앞의 책(주122), 46-59쪽 참고; 또한 이러한 계약을 포함한 근대법이 전제로 하는 '상호성원칙'과 이것이 근대 이후 어떻게 변하고 있는지를 인상 깊게 서술하는 문헌으로 K. Günther, Der Wandel der Staatsaufgaben und die Krise des regulativen Rechts, in: D. Grimm (Hrsg.), Wachsende Staatsaufgaben - sinkende Steuerungsfähigkeit des Rechts, Baden-Baden 1990, S. 53 ff.

그러나 이렇게 처리하면, 배임죄가 인정되는 범위가 너무 넓어질 수 있다. 또 그렇게 되면, 민법과 형법을 분리한 근대법의 이념에 합치하지 않을 수 있다. 배임죄에서 말하는 '타인의 사무'를 너무 넓게 해석하면, 민법상 고의에 의해 발생하는 채무불이행의 대부분은 형법상 배임죄로 처벌받아야 하기 때문이다. 따라서 형법의 보충성 원칙에 따라 배임죄가 성립하는 범위를 좁힐 필요가 있다. 그러면 어떻게 배임죄의 성립범위를 축소할 수 있을까? 이 작업은 사무의 '타인성'을 통해서가 아니라, '사무' 자체를 목적론적으로 축소해석 함으로써 달성할 수 있다고 생각한다. 예를 들어, 전체 법률관계에 비추어 볼 때 그 사무를 제대로 처리하지 않으면 사무의 관련자들에게 중대한 손해를 야기할 수 있는 사무만을 배임죄에서 말하는 사무에 포함시키는 것이 한 방안이 될 수 있다. 아울러 사무가 제대로 이행될 수 있도록 투입하는 법적 수단으로서 형벌이 아닌 다른 효과적인 법적 수단을 민법이나 행정법 등에서 마련하고 있을 때에는, 이러한 사무를 배임죄에서 말하는 사무 개념에서 제외하는 것도 생각할 수 있다. 요컨대, 일종의 '결과고려'를 통해 '사무'개념을 목적론적으로 축소하는 것이다.

이러한 시각을 3자간 등기명의신탁에 적용하면, 다음과 같은 결론을 이끌어낼 수 있다. 등기명의신탁이라는 법률관계 전체에서 보면, 명의수탁자가 부담하는 등기협력의무는 배임죄로 규율할 만한 중요한 사무라고 말하기는 어렵다고 생각한다. 물론 '등기협력'은 등기명의신탁이 성립하는 데 필요한 전제조건이다. 하지만 그렇다고 해서 등기협력의무를 이행하지 않은 명의수탁자의 행위를 배임죄로 처벌할 필요까지는 없다고 생각한다. 왜냐하면, 명의신탁자는 민법상 강제이행(민법 제389조)이라는 법적 수단을 통해 등기협력을 강제할 수도 있고,[190] 이게 아니면 명의신탁약정 자체를 해지(민법 제550조)함으로써 자신의 목적을 달성할 수도 있기 때문이다. 그러므로 부동산 이중매매의 경우와는 달리, 3자간 등기명의신탁에서 명의수탁자가 부담해야 하는 등기협력의무는 배임죄에서 말하는 사무 개념에 해당하지 않는다고 해석하는 것이 타당하다. 결국 이 경우에 명의수탁자는 배임죄의 죄책을 지지 않는다. 민법상 채무불이행 책임을 지는 것만으로도 충분하기 때문이다.

4. 계약명의신탁에 대한 형법적 규제

계약명의신탁에서는 다음과 같은 경우가 문제될 수 있다. 첫째, 계약명의수탁자가 명의신탁약정을 체결하고서도, 원소유자인 제3자와 계약을 체결하고 명의수탁 부동산의 소유권 등기를 이전받아야 하는 의무를 이행하지 않는 경우가 있다. 둘째, 계약명의수탁자가 명의신탁약정대로 계약을 체결하고 명의수탁 부동산의 소유권 등기는 경료 받았으나, 이를 다시 제3자에게 임의로 처분하는 경우가 문제될 수 있다. 셋째, 계약명의수탁자가 계약명의신탁자를 기망하여 계약명의신탁약정을 체결한 후, 이에 따른 의무를 이행하지 않은 채, 다시 제3자에게 명의신탁 부동산의 소유

190) 이 문제에 대해서는 김형석, "강제이행: 특히 간접강제의 보충성을 중심으로", 『서울대학교 법학』 제46권 제4호(2005. 12), 242-284쪽 참고.

권 등기를 이전하는 경우가 문제될 수 있다.[191)]

계약명의수탁자가 계약체결의무를 이행하지 않는 경우

이 경우에는 다시 다음 두 가지로 나누어 고찰할 필요가 있다. 첫째, 계약명의수탁자가 계약명의신탁약정을 체결하면서 계약체결대금(매매대금 등)을 받았는데, 제3자와 매매계약체결을 하지 않고, 이 대금을 자신의 이익을 위해 소비하는 경우가 있을 수 있다. 둘째, 후에 매매대금 및 비용 등을 받기로 하고 먼저 매매계약을 체결하기로 했는데, 계약명의수탁인이 그 의무를 이행하지 않는 경우가 있을 수 있다. 첫 번째의 경우에서는 횡령죄 혹은 배임죄가, 두 번째의 경우에서는 배임죄가 문제된다.

계약체결비용 등을 소비한 경우

이 경우 계약명의수탁자의 행위는 타인의 재물을 소비한 것으로서 횡령죄를 구성하는지, 아니면 타인의 사무를 처리하지 않은 것으로서 배임죄가 되는지 문제된다. 문제해결의 핵심은 이 경우 계약명의수탁자가 받은 금전을 타인의 '재물'로 볼 것인가에 놓여 있다. 이에 대해 판례는 두 가지 경우를 나누어 판단한다.[192)] 첫째, 위탁자가 금전의 용도를 특정하여 수탁자에게 금전을 맡겼는데, 수탁자가 이를 임의로 소비한 때에는, 금전을 타인의 '재

191) 사실 이 세 번째 유형은 계약명의신탁에서만 문제되는 것이 아니라, 2자간 등기명의신탁이나 3자간 등기명의신탁에서도 모두 문제될 수 있다. 그러나 그 구조는 동일하다.

192) 가령 대법원 1995. 10. 12. 선고 94도2076 판결 등 참고.

물'로 보아 이 경우 횡령죄가 성립한다고 한다. 둘째, 금전의 용도를 특정하지 않은 경우에는 횡령죄가 아닌 배임죄가 성립한다고 한다.[193] 이에 대해 학설에서도 위탁자가 위탁한 금전을 수탁자가 임의로 소비한 경우에 대해 - 금전에 대한 특정 여부와 결부지어 - '횡령죄설'과 '배임죄설'이 대립한다. 여기서 배임죄설은 금전은 매우 유동적인 성격을 띠기 때문에, 보통 '점유가 있는 곳에 소유가 있다.'고 보아야 한다는 주장을 주된 논거로 삼는다. 따라서 금전을 수탁자가 점유하고 있는 이상, 수탁자가 금전의 소유자가 되므로, 횡령죄가 아닌 배임죄를 인정해야 한다고 말한다. 이러한 결론은 금전에 대해서는 물권행위가 없다 하더라도 점유만 인도되면 소유권이 이전된다는 민법학의 지배적인 견해를 따른 것으로 보인다.[194]

그러나 이러한 이론구성에는 의문이 없지 않다. 민법상 금전은 크게 두 가지 속성을 띤다.[195] 첫째, 금전은 물건의 일종으로서 '동산'의 성질을 갖는다. 둘째, 금전은 탈유체화된 것으로서 '가치'라는 속성도 띤다. 여기서 전자의 경우에는 금전을 물건처럼 취급하여 '특정성'을 인정할 수 있지만, 후자의 경우에는 금전을 특정할 수 없다. 이 경우 금전은 탈유체화되어 유동화되는 가치로 존재

193) 학설상황에 관해서는 배종대, 앞의 책(주3), 516쪽.

194) 가령 곽윤직, 『민법총칙』, 박영사, 1989, 312쪽 아래.

195) 이 때문에 민법학에서는 금전을 '특수한 동산'이라고 말한다. 이에 관해서는 우선 곽윤직, 위의 책(주194), 312쪽; 또한 이러한 금전의 특성을 깊이 있게 분석하는 문헌으로 안법영, "금전사법의 법리에 관한 소고 - 권리대상으로서 금전의 탈유체화에 관해서 - ", 『법학논집』(고려대) 제34집(1998), 180쪽 아래 참고.

하기 때문에, 이를 특정하는 것이 거의 불가능하기 때문이다. 이렇게 금전이 가치로서 존재하는 경우에는 금전을 동산으로 파악하기 어려우므로, 굳이 동산소유권 양도원칙(민법 제188조)을 고집할 필요는 없을 것이다. 그렇지만 전자의 경우는 다르다. 이 경우에 금전은 특정할 수 있는 동산에 해당한다. 따라서 이러한 경우에 대해서까지 동산소유권 양도원칙을 무너뜨릴 필요는 없다고 생각한다. 가령 금전을 유실물로 발견하여, 이를 경찰서 등에 보관시켰을 때, 이것만으로 금전의 소유권이 경찰서로 넘어간다고 말할 수 있을까? 결국 금전이 물건으로서 동산의 성격을 보일 때는, 민법 제188조에 따라 물권적 합의와 점유인도가 있어야만 금전에 대한 소유권이 이전된다고 보아야 한다.[196] 그러므로 일정한 상황에서 금전의 소유권이 이전되었는가 하는 문제를 해결하려면, '인도'라는 요건 이외에 다음 두 가지 요건을 추가적으로 고려할 필요가 있다고 생각한다. 먼저 해당 상황에서 금전이 동산으로서 기능하는지, 아니면 가치로서 기능하는지 판단해야 한다. 나아가 만약 금전이 동산으로서 기능을 하는 경우라면, 이 때 금전양도에 관한 물권행위가 존재하는지 여부를 검토해야 한다. 물론 이 문제는 쉽사리 판단할 수 있는 문제가 아니다. 이 문제는 궁극적으로는 법률행위해석의 문제라고 할 수 있다.[197]

---

196) 같은 견해로서 안법영, 위의 논문(주195), 211쪽 아래; 또한 곽윤직·이인제, 『민법주해[V]』, 박영사, 1995, 436쪽 참고.

197) 법률행위해석 일반에 관해서는 우선 윤진수, "법률행위의 보충적 해석에 관한 독일의 학설과 판례", 『민법논고I』, 박영사, 2007, 200쪽 아래; 윤진수, "계약 해석의 방법에 관한 국제적 동향과 한국법", 『민법논고 I』, 박영사, 2007, 225쪽 아래 등 참고.

그러면 계약명의신탁자가 계약명의신탁약정에 따라 명의수탁자에게 매매대금 등을 선급하였을 경우에는, 대법원 판례가 말하는 것처럼 그 목적이 특정되어 있으므로 금전의 소유권이 명의신탁자에게 유보된다고 해석해야 할까? 그렇지는 않다고 생각한다. 계약명의신탁약정에서 핵심이 되는 것은, 계약명의수탁자로 하여금 매매계약을 체결하고 명의신탁 부동산을 취득하게 하는 것이지, 매매대금을 고스란히 제3자에게 전달하도록 하는 것은 아니다. 계약명의수탁자가 성공적으로 매매계약을 체결하여 명의신탁 부동산을 취득하기 위해서는, 계약명의수탁자가 매매대금을 자신의 것으로 사용할 수 있어야 한다. 또한 통상의 위탁관계는 민법상 위임계약관계라고 할 수 있는데, 여기서 위임자와 수임자는 동등한 당사자로서 신뢰관계에 입각하고 있으므로, 금전의 소유권 역시 수임자에게 넘어 간다고 볼 수 있다. 결국 계약명의신탁에서 계약명의신탁자가 계약명의수탁자에게 매매대금을 선급하였다면, 이 대금의 소유권은 계약명의수탁자에게 이전된다고 해석하는 것이 타당하다. 따라서 계약명의수탁자가 매매계약을 체결하지 않고 임의로 매매대금 등을 소비하였다면, 횡령죄가 아닌 배임죄가 성립한다고 보아야 한다.

매매계약 등만을 체결하지 않은 경우

이 경우 계약명의수탁자의 행위가 배임죄를 구성하는지 문제될 수 있다. 그렇지만 이러한 경우에는 계약명의수탁자가 직접적인 이득을 취득한 경우라고 말하기는 어려울 것이다. 또한 이 경우 계약명의신탁자에게 형법상 의미 있는 손해가 발생했다고 말하기 어려운 경우도 많다.[198] 아울러 단순히 매매계약만을 체결하지 않는 경우를, 타인의 사무처리를 하지 않는 경우에 포함시키는 것도 형법의 가벌성을 너무 확장하는 것이라고 말할 수 있다. 그러므로 이러한 경우에는 배임죄 성립을 부정하는 것이 타당하다. 계약명의수탁자에게 민법상 손해배상책임을 부과하는 것만으로도 족하다고 생각한다.

신탁 부동산을 제3자에게 처분한 경우

계약명의수탁자가 원소유자와 매매계약을 체결하여 일단 부동산 소유권 등기를 경료받았는데, 이를 다시 다른 제3자에게 처분한 경우는 어떻게 처리할 것인가? 이러한 경우는 앞에서 살펴본 2자간 등기명의신탁과 동일한 구조를 보인다.[199] 따라서 계약명의수탁자는 2자간 등기명의신탁의 명의수탁자처럼 횡령 또는 배임의 죄책을 부담해야 한다.

계약명의신탁자를 기망한 경우

계약명의수탁자가 원래 계약명의신탁약정을 이행할 의도가 없었는데도, 마치 그런 의도가 있는 것처럼 계약명의신탁자를 기망하여 계약명의신탁약정을 체결한 후, 이 약정에 따라 매도인과

---

198) 물론 민법상으로는 명의신탁자에게 이른바 특별손해가 발생하는 경우가 있다.

199) 위의 제4장 II.2. 참고.

매매계약을 체결하여 명의신탁 부동산에 대한 소유권을 양도받은 다음, 자신의 이익을 위하여 이 부동산을 제3자에게 처분하였다면, 이를 어떻게 처리할 것인가? 이러한 경우에는 일단 형법상 사기죄가 성립할 여지가 있다. 왜냐하면, 계약명의수탁자가 계약명의신탁자를 기망하여 계약명의신탁자가 착오에 빠졌고, 이에 따라 계약명의수탁자에게 계약체결권한을 부여하였으며, 이 권한에 기초를 두어 계약명의수탁자는 원소유자로부터 부동산을 취득한 후 이를 다시 제3자에게 처분하였기 때문이다. 하지만 이와 동시에 계약명의수탁자의 행위는 횡령죄 또는 배임죄를 구성할 여지도 있다. 계약명의수탁자는 계약명의신탁약정에 위반하여 제3자에게 명의신탁 부동산을 처분했기 때문이다. 그러면 이렇게 사기와 횡령 혹은 배임이 경합하는 경우에는 양자를 어떻게 처리할 것인가? 이 경우 계약명의수탁자의 횡령 또는 배임행위는 전체 사기행위의 한 부분을 구성하므로, 사기죄만이 성립한다고 해석하는 것이 타당하다.

III. 부동산실명법 시행 후

1. 문제제기

1995년부터 시행된 '부동산실명법'은 민법상 부동산 명의신탁 도그마틱을 근본적으로 바꾸었다. 사법상으로 시민권을 획득하고 있던 부동산 명의신탁이 이 법률이 시행됨으로써 사법상으로도 원칙적으로 무효가 된 것이다. 그렇다면 이러한 사법상의 변화는 형법 도그마틱에 어떤 변화를 줄 것이고 또 주어야만 하는가? 만약 앞에서 민법과 형법의 관계획정 기준으로 언급한 '법질서의 통일성'을 엄격하게 고집하면,[200] 민법 도그마틱의 변화는 그대로 형법 도그마틱에도 영향을 미쳐야 한다. 그렇지만 이와는 달리, 민법과는 구별되는 '형법의 독자성'을 강조하면, 부동산실명법이 제정되어 시행된다 하더라도, 이것이 형법 도그마틱을 구성하는 데 큰 의미를 지니지 않을 수도 있다. 이처럼 형법 도그마틱에도 결코 무시할 수 없는 의미를 갖는 이러한 문제에 관해, 이미 형법학계에서는 몇몇 본격적인 연구가 이루어지기도 하였다.[201] 이 연구들은 부동산실명법 아래서 발생할 수 있는 각종 형법적 문제들을 요령 있게 다루고 있다는 점에서 큰 의미가 있다고 생각한다. 하지만 동시에 이에 대해 의문도 없지 않다.

아래에서는 이미 이루어진 연구에 덧붙여 몇 가지 의문점들을 해명하려 한다. 이 작업은 다음과 같은 순서로써 이루어진다. 먼저 부동산실명법에 의해 부동산 명의신탁이 허용되는 경우와 그렇지 않은 경우로 나누어, 허용되는 경우를 간단하게 살펴본다. 나아가 부동산 명의신탁이 허용되지 않은 경우에 대해서는 다시 2자간 등기명의신탁의 경우, 3자간 등기명의신탁의 경우, 계약명의신탁의 경우로 나누어 고찰하도록 한다.

---

200) 위의 제3장 II.2. 참고.

201) 손동권, 앞의 논문(주165), 40쪽 아래; 장영민, "명의신탁된 부동산영득행위의 죄책", 『고시계』(1997. 12), 32쪽 아래; 박상기, "부동산명의신탁과 횡령죄", 『형사판례연구[6]』, 박영사, 1998, 266쪽 아래.

2. 부동산 명의신탁이 허용되는 경우

부동산실명법 아래서도 부동산 명의신탁이 허용되는 경우가 있다. 예를 들어, 명의신탁약정 자체에 포함되지 않는 경우(부동산실명법 제2조)나 탈세를 목적으로 하지 않는 일정한 유형의 부동산 명의신탁(부동산실명법 제8조)에 대해서는 부동산 명의신탁이 허용된다. 따라서 이러한 경우에는 부동산실명법이 제정되기 이전과 같은 형법적 문제가 발생할 수 있고, 이에 대한 해결방법도 그 때와 마찬가지라고 말할 수 있다. 앞에서 살펴 본 것처럼,[202] 이 경우에는 주로 명의수탁자가 명의신탁약정에 위반하여 명의신탁 부동산을 임의로 제3자에게 처분한 경우가 문제되는데, 이 경우에는 명의수탁자의 행위가 횡령죄 또는 배임죄를 구성할 것이다.

3. 부동산 명의신탁이 허용되지 않는 경우 (1) : 2자간 등기명의신탁

쟁점

부동산실명법 아래서 가장 문제가 되는 지점은 역시 2자간 등기명의신탁이다. 왜냐하면, 부동산실명법 제4조 제1항과 제2항은 명의신탁약정과 이에 따른 부동산물권변동은 원칙적으로 무효가 된다고 선언하고 있기 때문이다. 이에 따라 형법상으로도 다음과 같은 문제가 발생한다. 첫째, 무효인 명의신탁약정에 입각하여 보관자의 지위를 획득한 명의수탁자는 이 경우에도 여전히 보관자의 지위

202) 위의 제4장 II.2. 참고.

를 누리는가? 둘째, 명의수탁자가 관리하던 명의신탁 부동산은 이제 부동산실명법 제4조에 따라 불법원인급여(민법 제746조)가 된 것은 아닌가? 셋째, 명의신탁 부동산을 타인의 재물로 인정할 수 있는가? 넷째 - 이는 형법정책적인 쟁점이라 할 수 있는데 - 이제 사법상으로도 무효가 된 부동산 명의신탁약정을 형법으로 보호할 만한 것이라고 말할 수 있는가?

명의수탁자의 보관자 인정여부

먼저 명의수탁자가 여전히 보관자의 지위를 누리는지가 문제된다. 왜냐하면, 보관자 지위가 인정되려면 점유매개관계가 있어야 하는데, 부동산실명법에 따라 명의신탁약정이 무효가 됨으로써 점유매개관계의 법률상 원인이 사라졌기 때문이다. 그렇다면 이렇게 명의신탁약정이 무효가 되어 법적으로 사라진 이상, 명의수탁자는 보관자의 지위에서 해방되는가? 이는 미묘한 문제이다. 이에 관해 판례는 등기명의인의 등기가 원인무효인 경우에는 횡령죄에서 말하는 보관자가 될 수 없다고 한다.[203] 따라서 판례의 태도를 이 경우에 관철하면, 부동산실명법에 따라 무효가 된 부동산 명의신탁의 명의수탁자 역시 보관자가 될 수 없다고 해석해야 할 것이다.

그렇지만 이와 달리 학설 중에는 명의수탁자의 보관자성을 인정하는 견해가 제시되기도 한다.[204] 이 견해에 따르면, 판례가 원

203) 대법원 1962. 1. 31. 선고, 4294형상432 판결; 대법원 1966. 5. 24. 선고, 66도519 판결; 대법원 1989. 2. 28. 선고, 88도1368 판결 등.

204) 손동권, 앞의 논문(주165), 46-47쪽; 한편 민법학자인 양창수 교수도 명의수

인무효의 등기명의인을 보관자로 이해하지 않은 것은, 그 등기명의인이 목적 부동산을 처분할 수 없었기 때문이라고 한다. 즉 우리 민법은 등기의 공신력을 인정하지 않으므로, 원인무효의 등기명의인이 행한 등기를 신뢰하고 원인무효의 등기명의인으로부터 소유권에 관한 등기를 경료받았다 하더라도 소유권은 취득할 수 없기 때문에, 원인무효의 등기명의인을 보관자로 이해하지 않았다는 것이다. 그렇지만 부동산 명의신탁의 경우에는 부동산실명법 제4조 제3항에 의해 이 경우에도 제3자가 소유권을 취득하므로, 보관자가 될 수 있다고 한다. 다시 말해, 명의수탁자는 사실상 명의신탁 부동산을 처분할 수 있는 '사실상의 보관자'이므로, 횡령죄에서 말하는 보관자가 된다고 한다.

한편 다음과 같은 반론도 생각할 수 있다. 비록 부동산실명법에 의해 명의신탁약정은 무효가 되어 사라졌지만, 그 대신 민법 제741조에 따라 명의신탁자와 명의수탁자는 부당이득반환관계라는 새로운 '법정채권관계'를 맺게 되었다는 것이다. 따라서 명의수탁자는 부당이득반환의무를 이행하기 전까지 명의신탁 부동산을 관리해야 하는 보관자의 지위를 누린다는 것이다. 이러한 반론은 특히 판례가 위탁관계를 넓게 인정하고 있다는 점에서 볼 때 설득력을 얻을 수 있다. 그러나 이러한 반론에 대해서는 다시 다음과 같이 재반론을 할 수 있다. 즉 명의신탁 부동산은 민법 제746조의 불법원인급여에 해당하므로, 명의수탁자는 반환해야 할 의무를 지지 않고, 따라서 보관자가 되지 않는다는 것이다.

탁자는 사실상 부동산을 처분할 수 있는 지위에 있으므로, 횡령죄의 보관자가 될 수 있다고 한다. 양창수, 앞의 논문(주29), 124쪽 주(80) 참고.

명의신탁 부동산의 불법원인급여 해당 여부

사실 부동산실명법이 시행된 이후 이루어진 형법적 연구는 주로 이 문제에 초점을 맞추고 있었다. 이에 관해 가령 박상기 교수는 다음과 같은 논거로써 명의신탁 부동산이 불법원인급여에 속한다고 말한다.[205] 즉 부동산실명법 제1조는 부동산 명의신탁을 반사회적 행위라고 규정하고 있고, 같은 법 제4조는 부동산 명의신탁을 원칙적으로 무효화하고 있으므로, 명의신탁 부동산은 불법원인급여에 속한다는 것이다. 그러나 이에 대해 대부분의 견해는 부동산실명법에 따라 무효가 된 부동산 명의신탁의 목적 부동산은 불법원인급여에 해당하지 않는다고 한다. 예를 들어, 손동권 교수는 이 문제에 대해 다음과 같이 말한다.[206]

"이러한 양견해[불법원인급여 긍정설과 부정설]의 대립에서 본인은 후자의 견해[불법원인급여 부정설]가 더욱 설득력 있는 것으로 생각한다. 그 이유로서 다음의 두가지를 대표적으로 들 수 있다. ① 부동산실명법이 신탁자명의로 다시 등기를 바꾸도록 강제하기 위하여 이행강제금규정(제6조)을 둔 것은 그 실질적 소유권이 신탁자에게 있는 것을 전제로 한 것이다. 왜냐하면 만약 명의신탁부동산을 소유권에 기한 반환청구가 부정되는 불법원인급여물로 보게되면 이행강제금의 규정은 이와 모순되는 제도가 되

205) 박상기, 앞의 논문(주201), 275-276쪽; 여기서 박상기 교수는 주로 민법학자인 김상용 교수의 논증에 의존한다. 가령 김상용, 앞의 논문(주57), 83쪽 아래 참고.

206) 손동권, 앞의 논문(주165), 45-46쪽.

기 때문이다. ② 부동산실명법이 명의신탁계약과 그에 의한 등기의 무효를 제3자에게 대항하지 못한다는 규정(제4조 제3항)을 둔 것은 그 소유권이 신탁자에게 있는 것을 전제로 한 것이다. 왜냐하면 만약 소유권이 수탁자에게 있다면 이러한 제3자 대항규정을 둘 필요는 없기 때문이다. ③ 명의신탁자는 명의신탁을 이유로 부동산가액 30/100의 과징금(경우에 따라서는 이행강제금까지)을 부과하고 그 자체로서 형사처벌도 받으면서(제7조) 이에 더하여 부동산의 소유권까지 수탁자에게 주장할 수 없게 하는 것은 너무 가혹하다."(꺾음 괄호는 인용자가 추가한 것이다)

이러한 논증에 의거하여, 손동권 교수는 부동산실명법 제4조가 규정하는 무효는 민법 제103조에 속하지 않거나 또는 설사 속한다 하더라도 민법 제746조의 불법원인급여에 해당하지는 않는다고 본다. 그러므로 무효인 부동산 명의신탁의 명의수탁자라도, 명의신탁약정에 위반하여 임의로 제3자에게 명의신탁 부동산을 처분하면 횡령죄가 성립한다고 말한다.[207] 한편 장영민 교수도 부동산실명법과 같은 강행법규 위반은 불법원인급여에서 말하는 '불법'에 포함되지 않는다는 점을 들어, 위와 같은 경우 불법원인급여가 성립하지 않는다고 본다.[208] 이러한 태도는 여타의 다른 교과서에서도 마찬가지로 찾아볼 수 있다.[209]

그러면 이 문제를 어떻게 취급할 것인가? 이에 대해 필자는 이

207) 손동권, 앞의 논문(주165), 46쪽.
208) 장영민, 앞의 논문(주201), 38쪽.
209) 가령 배종대, 앞의 책(주3), 518-519쪽 참고.

미 앞에서 부동산실명법에 의한 무효가 민법 제746조가 규정하는 '불법원인'을 구성하는 것은 아니라는 점을 논증하였다.[210] 따라서 명의신탁 부동산이 불법원인급여에 해당한다는 이유로, 이 경우 횡령죄 성립을 부정하는 것은 적절한 논증이 아니라고 생각한다.

타인의 재물 해당 여부

한편 부동산실명법에 의해 부동산 명의신탁이 무효가 되었을 경우, 명의신탁 부동산의 소유권이 누구에게 귀속되는지 문제될 수 있다. 그렇지만 부동산 명의신탁이 무효가 되고, 이 무효가 불법원인에도 해당하지 않는 이상, 명의신탁 부동산의 소유권은 명의신탁자에게 귀속된다고 말할 수 있다. 따라서 더 이상 신탁행위이론이나 소유권의 관계적 귀속이론 등이 여기에 들어올 여지는 없다. 명의수탁자의 관점에서 보았을 때, 명의신탁 부동산은 명의신탁자라는 타인의 재물에 해당한다.

무효인 부동산 명의신탁에 대한 형법정책

그렇다면 무효인 부동산 명의신탁에서도 명의수탁자가 명의신탁 부동산을 임의로 제3자에게 처분하면, 이를 횡령죄로 처벌해야 하는가?[211] 이에 대해 필자에게는 다음과 같은 의문이 떠오른다. 이제 부동산 명의신탁은 부동산실명법을 통해 사법상으로

210) 위의 제2장 IV.2.(1) 참고.
211) '재물의 타인성'이 인정되는 이상, 배임죄는 더 이상 문제되지 않는다.

도 시민권을 박탈당하였다. 부동산 명의신탁은 공법뿐만 아니라 사법상으로도 무효로 취급된다. 그런데도 형법은 이러한 부동산 명의신탁을 보호할 필요가 있는 것일까? 과연 부동산실명법 제4조에 속하는 명의신탁약정을 형법상 횡령죄라는 수단을 통해 보호해야 할 필요가 있을까? 이를 통해 결과적으로 불법을 저지른 명의신탁자를 도와주는 것이 과연 바람직한 형법정책이라고 말할 수 있을까?[212)]

결국 이 의문은 다음과 같이 해결하는 것이 타당하다고 생각한다. 형법정책의 관점에서 볼 때, 공법뿐만 아니라 사법상으로도 무효인 명의신탁약정을 형법으로 보호하는 것은 타당하지 않다. 이는 '법질서의 통일성'이라는 관점에서 보더라도 그렇다. 물론 이러한 주장에 대해서는 "형사불법을 사법이 규정해주는 결과밖에 되지 않"는 것이라고 반론을 할 수도 있다.[213)] 그렇지만 부동산실명법을 이유로 하여 형법적 제재를 포기한다고 해서, 민사법이 형사불법을 규정하는 것이라고 이해할 수는 없다고 생각한다. '법질서의 통일성'이라는 기준은 분명 민법과 형법의 관계를 획정하는 한 기준이 되기 때문이다.[214)] 또한 '형법의 독자성'을 규정하는 원칙 가운데 가장 중요한 것으로서 '형법의 보충성'을 거

212) 이와 같은 문제제기를 하는 배종대, 앞의 책(주3), 505쪽; 그러나 이러한 문제의식과는 달리, 같은 책, 519쪽에서는 "(…) 횡령죄 성립을 긍정하는 견해가 사법상 무효인 명의신탁약정과 배치되거나 또는 명의신탁자를 보호하는 것으로 이해할 필요는 없다. 정책적 무효, 불법에 대한 처벌규정은 신탁자와 수탁자를 포괄하여 자체적으로 구비하고 있기 때문"이라고 한다.

213) 배종대, 앞의 책(주3), 519쪽.

214) 위의 제3장 II.2. 참고.

론할 수 있다면, 이미 부동산실명법이 한편으로는 명의신탁약정의 사법상 보호가치성을 부정하면서도, 다른 한편으로는 제3자에 대한 처분의 유효성을 인정하고 있는 이상, 명의수탁자가 무효인 명의신탁약정에 위반하여 제3자에게 임의로 명의신탁 부동산을 처분하는 행위를 굳이 형법이 나서서 규율하지 않는 것이 오히려 형법의 보충성에 합치하는 것이라고 생각한다. 그러므로 이 경우에는 형법상 횡령죄 혹은 배임죄 모두 성립하지 않는다고 새기는 것이 타당하다.

그렇다면 이러한 결론을 이끌어내기 위해 무효인 부동산 명의신탁에 대해 형법 도그마틱을 어떻게 구성해야 하는가? 이러한 결론은 명의수탁자의 보관자 지위를 부정함으로써 달성할 수 있다고 생각한다. 즉 부동산실명법에 의해 명의신탁약정이 무효가 되면, 이에 따라 형법적인 측면에서도 명의수탁자의 보관자 지위가 사라진다고 해석하는 것이다.[215] 이에 따라 횡령죄는 부정된다.[216]

4. 부동산 명의신탁이 허용되지 않는 경우 (2) : 3자간 등기명의신탁

부동산실명법이 시행된 이후, 3자간 등기명의신탁에서 문제가 되는 것은 역시 명의수탁자가 명의신탁 부동산을 제3자에게 처분한 경우라고 할 수 있다. 이 경우는 본래 2자간 등기명의신탁과 동일한 구조를 갖는 것이었다. 그러므로 이 경우에도 2자간 등기명의신탁의 경우처럼, 횡령죄를 부정해야 하는지 의문이 될 수 있다.

---

215) 위의 제3장 II.2. 참고.

216) 물론 민법상 부당이득반환청구는 존속한다.

이에 대해 이 경우에는 - 2자간 등기명의신탁과는 달리 - 횡령죄를 인정해야 한다는 견해도 생각할 수 있다.[217] 이에 대한 이유를 다음과 같이 말할 수 있다. 우선 부동산실명법에 따라 등기명의신탁약정은 무효이다(부동산실명법 제4조 제1항). 그리고 이에 따라 원소유자인 제3자로부터 명의수탁자에게 이루어진 부동산 물권변동도 무효이다(부동산실명법 제4조 제2항). 하지만 여기서 차이가 나는 것은, 2자간 등기명의신탁과는 달리, 3자간 등기명의신탁에서는 명의신탁 부동산을 반환받아야 할 사람은 명의신탁자가 아니라, 제3자라는 것이다. 물론 명의신탁자와 제3자간에 체결된 매매계약은 여전히 유효하므로, 명의신탁자는 제3자에게 다시 자신에게 부동산을 양도할 것을 요구하거나, 아니면 제3자를 대위해서 부동산의 등기이전을 요구할 수도 있다(민법 제404조). 그렇지만 여기서 명의수탁자가 명의신탁 부동산을 처분했을 때, 명의신탁 부동산에 대한 소유권을 침해받는 당사자는 명의신탁자가 아니라, 제3자이다. 3자간 명의신탁에서 명의신탁자가 갖는 권리는 채권에 불과하기 때문이다. 그러므로 이 경우에는 2자간 명의신탁에 대한 형법정책을 그대로 관철할 수 없다는 것이다. 여기에는 명의신탁의 당사자가 아닌 제3자가 관련되어 있기 때문이다. 그러므로 이 경우에는 횡령죄 성립을 긍정하는 것이 타당하다는 것이다.

그러나 이러한 주장에는 찬성할 수 없다고 생각한다. 만약 명의수탁자가 명의신탁 부동산을 명의신탁자 명의로 등기하지 않

217) 같은 견해로서 장영민, "명의신탁된 부동산영득행위의 죄책", 『고시계』 (1997. 12), 38쪽; 배종대, 앞의 책(주3), 520쪽.

고 제3자에게 처분하면, 이러한 처분행위는 부동산실명법 제4조 제3항에 따라 유효한 처분행위가 된다. 따라서 명의신탁 부동산의 소유권은 제3자에게 확정적으로 이전된다. 그리고 원소유자가 명의신탁자와 명의신탁 부동산에 대한 매매계약을 체결할 때, 원소유자는 명의신탁자로부터 매매대금을 받았을 것이므로, 설사 명의수탁자가 명의신탁 부동산을 제3자에게 처분했다 하더라도, 원소유자에게는 손해가 발생하지 않는다. 그러므로 비록 3자간 명의신탁에서는 원소유자가 개입된다 하더라도, 원소유자에게는 손해가 발생하지 않으므로, 이러한 경우를 형법상 횡령죄로 규제하는 것은 타당하지 않다고 생각한다.[218]

5. 계약명의신탁

등기명의신탁과는 달리, 계약명의신탁은 부동산실명법 제4조 제2항 단서에 따라 다시 두 가지로 나누어 고찰해야 할 필요가 있다. 왜냐하면, 계약 상대방이 계약명의신탁약정이 있음을 알았는가, 아니면 몰랐는가에 따라 계약명의신탁의 효력이 달라지기 때문이다.

계약 상대방이 계약명의신탁약정이 있음을 안 경우

이 경우에는 계약명의신탁약정과 부동산물권변동이 모두 무효가 된다. 따라서 만약 계약명의수탁자가 계약명의신탁자로부터 매매대금 등을 받았다면, 이를 계약명의신탁자에게 반환해야 하

218) 다만 원소유자가 명의신탁 부동산의 소유권을 이전하는 것에 상응하는 반대급부를 취득하지 못한 경우에는 횡령죄를 긍정할 수 있다고 생각한다.

고, 부동산소유권 등기는 다시 계약 상대방인 원소유자에게 이전해 주어야 한다. 그런데 여기서 만약 계약명의수탁자가 명의신탁 부동산을 다른 제3자에게 처분하였을 경우에는 어떤가? 이 경우 횡령죄를 인정해야 한다는 견해가 제시되기도 한다.[219] 그러나 이 경우에도 횡령죄를 부정하는 것이 타당하다고 생각한다. 그 이유를 다음과 같이 말할 수 있다. 계약명의신탁에서 명의신탁 부동산 매매에 관한 계약 당사자는 매도인인 원소유자와 계약명의수탁자이다. 그러므로 설사 계약명의수탁자가 명의신탁 부동산을 원소유자에게 반환하지 않고 제3자에게 처분했다 하더라도 - 3자간 등기명의신탁처럼 - 원소유자가 이에 상응하는 - 매매대금과 같은 - 반대급부를 취득하고 있었다면, 원소유자에게는 손해가 발생하지 않는다. 그러므로 원소유자가 명의신탁 부동산의 소유권 이전에 상응하는 반대급부를 취득한 경우에는, 비록 계약명의수탁자가 제3자에게 임의로 명의신탁 부동산을 처분하였다 하더라도 이 행위는 횡령죄를 구성하지 않는다고 보아야 한다.[220] 그렇지만 원소유자가 명의신탁 부동산의 소유권 이전에 상응하는 반대급부를 취득하지 못한 경우에는, 계약명의수탁자가 제3자에게 임의로 명의신탁 부동산을 처분한 경우 횡령죄가 성립한다고 보아야 한다.

한편 이 경우 계약명의수탁자는 계약명의신탁자에 대해 배임죄가 성립한다는 견해가 제기되기도 한다.[221] 왜냐하면, 계약명의

---

219) 박상기, 『형법각론』, 박영사, 1999, 350쪽.

220) 같은 견해로서 장영민, 앞의 논문(주217), 39쪽.

221) 장영민, 앞의 논문(주217), 40쪽; 배종대, 앞의 책(주3), 521쪽.

수탁자는 계약명의신탁자에 대해 '사실상의 사무처리'를 해야 하기 때문이라고 한다. 그러나 이러한 경우는 2자간 등기명의신탁의 경우와 마찬가지로 배임죄 성립을 부정해야 한다. 공법뿐만 아니라 사법상으로도 무효가 된 계약명의신탁을 굳이 형법으로 보호해야 할 필요가 없기 때문이다. 뿐만 아니라, 이 경우 '사실상의 사무처리'라는 개념을 도입하여 배임죄의 성립범위를 확장하는 것은, 형법의 보충성 원칙에도 합치하지 않는다고 생각한다.

계약 상대방이 계약명의신탁약정이 있음을 알지 못한 경우

이 경우에는 부동산실명법 제4조 제2항 단서에 의해 부동산물권변동이 유효가 된다. 따라서 계약명의수탁자가 명의신탁 부동산의 소유권자가 된다. 그러므로 계약명의수탁자가 제3자에게 목적물을 처분하더라도, 횡령죄가 성립하지 않는다. 판례 역시 마찬가지로 새긴다.[222] 아울러 마찬가지로 이러한 처분행위에 대해 배임죄 역시 인정할 필요가 없다고 생각한다.

---

222) 대법원 2000. 3. 24. 선고 98도4347 판결: "횡령죄는 타인의 재물을 보관하는 자가 그 재물을 횡령하는 경우에 성립하는 범죄인바, 부동산실권리자명의등기에관한법률 제2조 제1호 및 제4조의 규정에 의하면, 신탁자와 수탁자가 명의신탁약정을 맺고, 이에 따라 수탁자가 당사자가 되어 명의신탁약정이 있다는 사실을 알지 못하는 소유자와의 사이에 부동산에 관한 매매계약을 체결한 후 그 매매계약에 기하여 당해 부동산의 소유권이전등기를 수탁자 명의로 경료한 경우에는, 그 소유권이전등기에 기한 당해 부동산에 관한 물권변동은 유효하고, 한편 신탁자와 수탁자 사이의 명의신탁약정은 무효이므로, 결국 수탁자는 전소유자인 매도인뿐만 아니라 신탁자에 대한 관계에서도 유효하게 당해 부동산의 소유권을 취득한 것으로 보아야 할 것이고, 따라서 그 수탁자는 타인의 재물을 보관하는 자라고 볼 수 없다."

제5장
부동산 명의신탁에 대한 형법정책

본론의 마지막으로 부동산 명의신탁에 대한 형법정책에 관해 간략하게 검토하도록 한다. 그런데 부동산 명의신탁에 대한 형법정책 문제는 부동산실명법에 대한 평가를 전제로 하지 않으면 다루기 어려우므로, 먼저 부동산실명법에 대한 필자의 - 말 그대로 - '소감'을 덧붙이고자 한다.

I. 부동산실명법에 대한 평가

부동산 명의신탁을 근원적으로 규제하기 위해 부동산실명법을 제정하여 시행한 것은, 과연 적절한 법정책이라고 말할 수 있을까? 이에 관해 최근의 한 연구는 부동산실명법 시행 이후의 정책적 실효성을 평가하면서, 결론적으로 "그렇다면 부동산실명법이 부동산거래와 부동산소유를 투명하게 하고 명실상부하게 기여한 점은 평가되어야 할 점이 있을지도 모른다."고 말한다.[223] 이에 비추어 보면, 부동산실명법은 일단 법정책적으로 실효성을 확보하였다고 말할 수 있다. 그렇지만 다른 한편 위 연구는 본래 부동산 명의신탁은 성질상 위험한 것은 아니고, 또한 부동산 명의신탁은 자기재산에 떳떳하지 못한 우리 사회의 분위기를 반영한 것이며, 실제적으로 부동산 명의신탁을 금지하는 것은 어렵다는 이유에서, 부동산 명의신탁을 전면적으로 금압한 부동산실명법에 대해 회의감을 나타내기도 한다.[224]

그렇다면 이러한 평가를 어떻게 받아들일 것인가? 이 문제는 궁극적으로는 부동산 명의신탁에 대한 법현실 그리고 이에 대해 국민들이 실제로 갖는 법감정을 법사회학적으로 연구해야만 어느 정도 해결할 수 있을 것이다. 그러나 이러한 연구는 그 자체로 방대하고도 독자적인 연구주제가 될 것이고, 또 필자의 역량을 넘어서는 일이므로, 여기서 이를 수행할 수는 없다. 그런데도 여기서 다소 성급하게나마 이에 대한 필자의 소감을 말한다면, 다음과 같다. 기본적으로 필자는 부동산실명법이 타당하지 않은 입법이라고 생각하지 않는다. 부동산실명법은 사회국가원칙에 합치하는 입법이라고 생각하기 때문이다. 법경제학에서도 말하지

223) 양창수, 앞의 논문(주44), 157쪽.
224) 양창수, 앞의 논문(주44), 174-179쪽.

만, 부동산은 한정되어 있는 재화이다. 따라서 일반 동산에 비해 부동산에 대해서는 더욱 더 강한 배분적 정의가 요청된다. 부동산이 어느 일부의 법적 주체에게 집중되어서는 안 된다. 만약 그렇게 되었을 경우에는, 국가가 부동산 시장에 개입하여 조세정책 등을 통해 이러한 불균형을 어느 정도 조정해야 한다고 생각한다. 이러한 점에서 볼 때, 부동산 명의신탁을 정면에서 금지하는 부동산실명법의 태도는 설득력을 획득할 수 있다고 생각한다. 이에 대해 부동산 명의신탁이 모두 위법한 것은 아니라는 반론을 제기할 수 있을 것이다. 그러나 부동산실명법은 이미 제2조와 제8조를 통해 일정한 예외를 인정하고 있으므로, 이러한 반론은 설득력이 없다고 생각한다. 다만 부동산실명법이 마련하고 있는 각종 제재가 헌법상 비례성원칙에 맞지 않는 경우는 있을 수 있다. 하지만 이러한 경우는 부동산실명법이 갖추고 있는 개별 조항을 헌법으로 통제하는 것으로도 충분하지 않나 생각한다.[225)]

Ⅱ. 부동산 명의신탁에 대한 형법정책

이렇게 부동산실명법의 태도가 기본적으로 적절한 것이라면, 형법 역시 이에 발맞추어 자신의 정책을 추진하는 것이 타당하다. 그러면 부동산 명의신탁에 대해 어떤 형법정책을 추진하는 것이 합

225) 헌법재판소는 헌재 2001. 5. 31. 선고 99헌가18 등 결정에서 부동산실명법 제5조 제1항, 제10조 제1항 본문, 제14조 제2항에 대해 헌법불합치 결정을 내렸다.

리적인 형법정책이라고 말할 수 있을까? 이에 대해 필자는 2007년에 공간한 한 논문에서 다음과 같이 합리적인 법정책의 방향과 기준을 제시한 적 있다.[226] 필자는 먼저 합리적인 법정책의 방향으로서 "직접적이고 과도한 통제방식 회피", "상징입법 회피", "간접적이고 다원적인 법정책 추진", "대화적인 법정책"을 제시하였다. 나아가 합리적인 법정책의 기준으로서 "법익보호원칙"과 "비례성원칙"을 제안하였다. 이러한 방향과 기준은 부동산 명의신탁에 대한 형법정책에 어느 정도 적용할 수 있다고 생각한다. 우선 부동산 명의신탁관계에서 발생하는 관련 행위자들의 일탈행위를 규제하기 위해 형법을 과도하게 투입하는 것은 지양해야 할 필요가 있다. 나아가 부동산 명의신탁에 대해 이루어지는 형법적 규제가 '상징입법'으로 전락하지 않도록 해야 한다. 이를 위해 부동산 명의신탁관계에서 발생할 수 있는 관련 행위자들의 일탈행위를 규제할 때는 가급적 '간접적인 다원적인' 수단을 강구할 필요가 있다. 그렇다면 이는 구체적으로 어떻게 실현할 수 있을까? 이에 대한 명확한 기준이 되는 것이 바로 '비례성원칙'이다. 비례성원칙이라는 기준에 따라 형법정책을 추진해야 할 필요가 있다. 그런데 비례성원칙은 형법상 원칙인 '형법의 보충성' · '최후수단성' · '단편성'으로 재해석할 수 있다. 이는 곧 가급적 부동산 명의신탁에 대해 형법이라는 수단을 투입하지 않는 것이 오히려 바람직한 형법정책이 될 수 있다는 점을 시사한다. 더군다나 부동산 명의신탁에 대해서는 부동산실명법이 우선적으로 규제하고 있으므

226) 양천수, "합리적인 법정책의 방향과 기준 - 전략물자에 대한 법적 통제를 예로 하여 -", 『영남법학』 제24호(2007. 4), 78-92쪽.

로, 이렇게 효율적인 다른 법적 수단이 있는 경우에는 형법이 한 발자국 물러서는 것이 바람직하다고 생각한다. 그러므로 부동산 실명법에 의해 무효화된 명의신탁약정은 가능한 한 형법으로 보호하지 않는 것이 바람직하다. 이렇게 형법정책을 추진하는 것이 '법질서의 통일성' 및 '형법의 보충성'·'최후수단성'·'단편성'에도 모두 부합하는 것이라고 생각한다.

제6장
결론요약

결론으로서 지금까지 전개한 논의를 다음과 같이 요약하도록 한다.

- 부동산 명의신탁은 그 동안 판례가 확고하게 인정해 온 민법 도그마틱이었다. 부동산 명의신탁은 크게 '등기명의신탁'과 '계약명의신탁'으로 구분된다. 여기서 등기명의신탁은 다시 '2자간 명의신탁'과 '3자간 명의신탁'으로 구분된다. 그런데 이러한 부동산 명의신탁이 탈법적으로 운용되면서, 이를 막기 위해 지난 1995년 부동산실명법이 제정되었고, 이에 따라 부동산 명의신탁은 원칙

적으로 금지되었다(부동산실명법 제4조 제1항, 제2항).

- 부동산실명법이 시행되기 전에는 원칙적으로 부동산 명의신탁은 유효한 것이었다. 이에 대해 부동산 명의신탁은 허위표시로서 무효라고 하는 견해가 있기는 했지만, 부동산 명의신탁을 신탁행위이론에 따라 구성하는 한, 이러한 견해는 타당하지 않다.

- 판례에 따르면, 부동산 명의신탁에서 소유권은 관계적으로 귀속된다. 따라서 내부적 소유권은 명의신탁자에게, 외부적 소유권은 명의수탁자에게 귀속된다. 이와 달리, 신탁행위이론에 따르면, 소유권은 내부적 · 외부적으로 모두 명의수탁자에게 귀속된다

- 부동산 명의신탁에서 명의신탁자는 명의신탁 부동산을 사용 · 수익 · 처분할 수 있다. 그러나 제3자에 대해 물권적 청구권을 행사할 수는 없다. 이에 대해 명의수탁자는 명의신탁 부동산을 관리할 의무를 부담한다.

- 그러나 부동산실명법이 제정됨으로써, 부동산 명의신탁은 부동산실명법 제2조와 제8조가 규정하는 예외에 속하지 않는 한 원칙적으로 무효로 평가받게 되었다. 그러므로 명의신탁약정 역시 무효가 되고, 이에 따라 부동산 물권변동도 무효가 된다. 이 경우 명의신탁자와 명의수탁자는 부당이득반환관계에 놓인다(민법 제741조).

- 이 때 명의신탁 부동산이 불법원인급여라는 견해가 제시되기도 하지만, 이는 타당하지 않다.

- 한편 부동산 명의신탁에 대한 형법적 규제를 논의하려면, 그 전제로서 민법과 형법의 관계를 어떤 기준에 의해 확정해야 하

는지 검토할 필요가 있다. 여기서 필자는 '법질서의 통일성', '민법과 형법의 독자성', '이 두 기준간의 실제적 조화'를 민법과 형법의 관계를 획정하는 데 적용할 수 있는 기준으로 제안하였다.

- 부동산실명법이 시행되기 이전에는, 부동산 명의수탁자가 명의신탁 부동산을 처분한 경우, 판례와 학설은 주로 횡령죄를 인정하였다. 하지만 신탁행위론에 따라 부동산 명의신탁을 구성하게 되면, 이 경우 배임죄가 성립한다고 보아야 한다.

- 부동산실명법이 시행된 이후, 2자간 등기명의신탁에서 명의수탁자가 명의신탁 부동산을 처분한 경우에 대해 판례와 대부분의 학설은 여전히 횡령죄가 성립한다고 하지만, 형법정책의 관점에서 이는 부정하는 것이 타당하다.

- 3자간 등기명의신탁에서도 명의수탁자가 명의신탁 부동산을 명의신탁자 명의로 등기하지 않고 제3자에게 처분한 경우, 횡령죄를 부정하는 것이 타당하다.

- 계약명의신탁에서 계약명의수탁자가 명의신탁 부동산을 허락없이 제3자에게 처분한 경우에는 다시 거래 상대방이 계약명의신탁약정이 있음을 안 경우와 알지 못한 경우로 나누어 판단해야 한다.

- 우선 거래 상대방이 계약명의신탁약정이 있음을 안 경우에는, 그 상대방이 명의신탁 부동산의 소유권 이전에 상응하는 반대급부를 받았는지에 따라 횡령죄 성부를 판단해야 한다. 계약명의신탁자에 대한 관계에서는 횡령죄도 배임죄도 성립하지 않는

다고 보아야 한다.

- 거래 상대방이 계약명의신탁약정이 있음을 모른 경우에는 명의신탁 부동산에 대한 거래 자체가 유효한 것이 되므로, 계약명의수탁자가 이러한 유효한 거래를 통해 취득한 명의신탁 부동산을 제3자에게 처분한다 하더라도, 이는 형법상 범죄가 되지 않는다고 보아야 한다.

참고문헌

강봉수, "명의신탁에 있어서 내부적 소유권의 의미 (I)(II)(III)", 『사법행정』(1987. 12-2).

고상룡, "명의신탁이론의 재검토 소고", 『민법학논총』(곽윤직 교수 화갑기념 논문집), 박영사, 1985.

곽윤직, "명의신탁해지의 효과", 『민사판례연구』제4집(1982).

곽윤직, 『민법총칙』, 박영사, 1989.

곽윤직, "명의신탁에 관한 판례이론의 연구", 『후암민법논집』, 박영사, 1991.

곽윤직, "exceptio rei venditae et traditae의 현대적 관용", 『후암민법논집』, 박영사, 1991.

곽윤직, 『물권법』, 신정판, 박영사, 1994.

곽윤직 · 권오곤, 『민법주해[V]』, 박영사, 1992.

곽윤직 · 이인제, 『민법주해[V]』, 박영사, 1995.

권영준, "통정허위표시로 인한 법률관계에 있어서 파산관재인의 제3자성", 『법조』(2007. 5).

권오곤, "명의신탁에 관한 판례의 동향", 『민사판례연구』제10집(1988).

김상용, "영미신탁법상의 수동신탁법리에 의한 명의신탁이론의 재구성", 『판례월보』제201호(1987. 6).

김상용, "부동산실명법 규정의 제모순점", 『고시계』(1997. 2).

김선복, "절도죄와 횡령죄에서 재물의 개념", 『정성근 교수 화갑기념 논문집』, 삼영사, 1997.

김영환, 『법철학의 근본문제』, 홍문사, 2006.

김일수, 『한국형법 III』, 박영사, 1997.

김중길, 『흠 있는 의사표시에서의 제3자』, 영남대학교 법학석사 학위논문, 2006.

김증한, "물권행위론", 『민법논집』, 박영사, 1980.

김형배, 『채권총론』제2판, 박영사, 1998.

김형배, 『사무관리 · 부당이득』, 박영사, 2003.

김형배, 『민법학강의』제7판, 신조사, 2008.

김형석, 『강제집행 · 파산절차에 있어서 양도담보권자의 지위에 관한 연구』, 서울대 법학석사 학위논문, 1998.

류근홍, 『징벌적 손해배상제도에 관한 연구: 도입 필요성과 그 적용한계를 중심으로』, 청주대 법학박사 학위논문, 2006.

명순구, "불법원인급여에 관한 민법 제746조의 규범의미 – 일본법이론 답습으로부터의 탈피와 새로운 시각의 모색 – ", 『한일법학연구』제16권(1997. 12).

명순구, "대차형계약의 쌍무성 · 유상성 판단에 관한 비판적 시각", 『안암법학』제13호(2001. 11).

명순구 외, 『아듀 물권행위』, 고려대학교출판부, 2006.

목영준, "부동산실권리자명의등기에관한법률상 명의신탁약정의 효력", 『민사판례연구』제21집(1999).

문용선, "명의신탁이론의 재검토 – 부동산등기특별조치법상의 명의신탁금지의 사법상 효력", 『민사판례연구』제17집(1995).

박달현, 『형법상 보충성원칙에 관한 연구』, 고려대 법학박사 학위논문, 1996.
박상기, "부동산명의신탁과 횡령죄", 『형사판례연구[6]』, 박영사, 1998.
박상기, 『형법각론』, 박영사, 1999.
박세일, 『법경제학』, 박영사, 2009.
박은정, 『자연법사상: 실천을 위한 보편이론』, 민음사, 1987.
배석, "부동산의 선의취득자 보호", 『법조』제31권 제8호(1982. 8).
배종대, 『형법각론』, 제6전정판, 홍문사, 2006.
손동권, "부동사처분행위와 관련한 횡령죄와 배임죄의 구별문제", 『이명구 박사 화갑기념 논문집』제3권, 1996.
손동권, "부동산소유자에 의한 형법상의 재산범죄", 『안암법학』 제4집(1996).
손동권, "양도담보부동산의 처분과 관련한 횡령죄와 배임죄의 구별", 『법정고시』(1997. 8).
손동권, "명의신탁 부동산의 처분행위에 대한 횡령죄의 성립여부 - 특히 '부동산실권리자명의등기에 관한 법률'과 관련하여 - ", 『고시연구』(1997. 12).
송덕수, "명의신탁", 『고시연구』(1993. 1).
송덕수, "대상청구권", 『민사판례연구』[XVI], 박영사, 1994.
송덕수, "민법 제746조의 적용에 있어서 불법성의 비교", 『민사판례연구』[XVIII], 박영사, 1996.
신동운, "부동산에 대한 횡령행위와 횡령죄의 본질", 『고시연구』(1997. 12).
신동운 외, 『법률해석의 한계』, 법문사, 2000.

심재우, "사물의 본성과 구체적 자연법", 『법철학연구』제2권(1999).
안법영, "영업경영의 과실침해와 책임귀속의 인과적 표지", 『판례연구』(고려대) 제8집(1996. 9).
안법영, "금전사법의 법리에 관한 소고 - 권리대상으로서 금전의 탈유체화에 관해서 - ", 『법학논집』(고려대) 제34집(1998).
양창수, 『일반부당이득법에 관한 연구』, 서울대 법학박사 학위논문, 1987.
양창수, "「가등기담보 등에 관한 법률」의 현황과 문제점",『민법연구』제1권, 박영사, 1993.
양창수, "후순위저당권자 있는 공동저당부동산에 대한 경매와 물상보증인의 지위", 『민법연구』제4권, 박영사, 1996.
양창수, "한국 민사법학 50년의 성과와 21세기적 과제", 『민법연구』제4권, 박영사, 1997.
양창수, "건물의 소유와 부지점유", 『민법연구』제5권, 박영사, 1999.
양창수, "헌법과 민법 - 민법의 관점에서 - ", 『민법연구』제5권, 박영사, 1999.
양창수, "부동산실명법의 사법적 규정에 의한 명의신탁의 규율 - 소위 계약명의신탁을 중심으로 - ", 『민법연구』제5권, 박영사, 1999.
양창수, "부동산실명법 제4조에 의한 명의신탁의 효력", 『민법연구』제5권, 박영사, 1999.
양창수, "명의신탁에 대한 규율 재고 - 부동산실명법 시행 5년의 평가와 반성 - ", 『민법연구』제6권, 박영사, 2001.
양창수, "비채변제 - 민법 제742조의 입법취지에 따른 재조명 - ", 『민법연구』제7권, 박영사, 2003.

양창수, “담보에 관한 새로운 일반이론의 방향 - 하나의 문제제기로서 - ”, 『민법산책』, 박영사, 2005.

양창수, “2006년 민사판례 관견”, 『민법연구』제9권, 박영사, 2007.

양창수 (역), 『독일민법전』, 박영사, 2001.

양천수, 『해석학의 법철학적 수용』, 고려대 법학석사 학위논문, 2000.

양천수, “개념법학과 이익법학을 넘어선 법도그마틱 구상 - 루만의 법도그마틱 구상을 중심으로 하여 - ”, 『성균관법학』제18권 제1호(2006. 6).

양천수, “합리적인 법정책의 방향과 기준 - 전략물자에 대한 법적 통제를 예로 하여 - ”, 『영남법학』제24호(2007. 4).

양천수, “*私法* 영역에서 등장하는 전문법화 경향 - 도산법을 예로 본 법사회학적 고찰 - ”, 『법과 사회』제33호(2007. 12).

양천수, “전문법의 책임으로서 환경책임과 환경민사책임 - 환경책임에 대한 법이론적 · 법사회학적 접근 - ”, 『환경법연구』제29권 제3호(2007. 12).

양천수, “공익과 사익의 혼융현상을 통해 본 공익 개념 - 공익 개념에 대한 법사회학적 분석 - ”, 『공익과 인권』제5권 제1호(2008. 2).

양천수, “이상과 현실 사이에 선 법학전문대학원 교육방법론 - 기초법학을 예로 하여 - ”, 『사회과학연구』제27집(2008. 2).

양천수, “형법해석의 한계 - 해석논쟁을 중심으로 하여 - ”, 『인권과 정의』제379호(2008. 3).

양천수, “생존배려 개념의 기원 - 법철학의 시각에서 본 포르스트호프(E. Forsthoff)의 사회보장법체계 - ”, 『영남법학』제26호(2008. 4).

양천수, “19세기 독일 형법학에서 전개된 법익 개념 - 理念史를 중심으로 하여 - ”,『법사학연구』제38호(2008. 10).

양천수, “철학적 해석학과 법해석학 - 해석학의 법철학적 수용과 관련한 시론 - ”,『동아법학』제44호(2009. 8).

양천수 · 이동형, “문화와 법체계 그리고 비교법학 - 민법상 거래안전의무를 예로 하여 - ”,『민족문화논총』제36집(2007. 9).

양화식, “생활세계, 체계 그리고 법 - 하버마스의『의사소통행위이론』을 중심으로 - ”,『법철학연구』제11권 제2호(2008. 12).

윤진수, “권리남용 금지의 경제적 분석 - 토지 소유자의 지상물 철거청구를 중심으로 - ”,『민법논고 I』, 박영사, 2007.

윤진수, “법률행위의 보충적 해석에 관한 독일의 학설과 판례”,『민법논고 I』, 박영사, 2007.

윤진수, “계약 해석의 방법에 관한 국제적 동향과 한국법”,『민법논고 I』, 박영사, 2007.

윤진수, “물권행위 개념에 대한 새로운 접근”,『민법논고II』, 박영사, 2008.

윤철홍, “부동산명의신탁이론에 대한 소고”,『법학논총』(숭실대) 제7집(1994).

이동형, “통정허위표시를 한 자의 파산관재인이 민법 제108조 제2항의 제3자인지 여부 - 대법원 2003. 6. 24. 선고 2002다48214 판결”,『법조』제573호(2004. 6).

이상돈,『형법학』, 법문사, 1999.

이상돈, “전문법 - 이성의 지역화된 실천”,『고려법학』제39호(2002. 11).

이상돈,『헌법재판과 형법정책』, 고려대학교 출판부, 2004.

이상돈, 『공익소송론』, 세창출판사, 2007.

이상돈, 『기초법학』, 법문사, 2008.

이상돈, 『로스쿨을 위한 법학입문』, 법문사, 2009.

이상돈 · 홍성수, 『법사회학』, 박영사, 2000.

이영준, “명의신탁의 유효성에 관하여”, 『사법논집』제19집(1988).

이은영, “물권행위에 관한 이론적 논쟁”, 『이영준 박사 화갑기념논문집』, 박영사, 1999.

이재상, “횡령과 배임”, 『고시계』제384호(1989. 2).

이재상, 『형법각론』, 박영사, 1990.

이준일, 『헌법학강의』제3판, 홍문사, 2008.

이진기, “점유의 개념과 점유법: 점유법의 체계론적 이해”, 『법학논총』(한양대) 제18집(2001. 12).

장영민, “명의신탁된 부동산영득행위의 죄책”, 『고시계』(1997. 12).

장영수, 『헌법학』제4판, 홍문사, 2009.

정종섭, “우리 법학의 올바른 자리매김을 위하여 - 헌법학의 통합과학적 연구에로”, 『법과 사회』제2호(1990. 2).

정종섭, “기업의 정치자금 기부의 문제점과 위헌 여부”, 『헌법연구(2)』, 철학과 현실사, 1996.

차용석, “한국 형사법학50년의 성과와21세기적 과제”, 『서울대학교 법학』 제98호(1995. 8).

최송화, 『공익론』, 서울대학교출판부, 2002.

하태훈, “점유개념과 절취행위”, 『고시계』제490호(1997. 12).

현승종 · 조규창, 『게르만법』, 박영사, 1988.

한스 벨첼, 박은정 (옮김), 『자연법과 실질적 정의』, 삼영사, 2001.
로베르트 알렉시, 이준일 (옮김), 『기본권이론』, 한길사, 2007.
한스 인아이헨, 문성화 (옮김), 『철학적 해석학』, 문예출판사, 1998.
프랑크 잘리거, 윤재왕 (역), 『라드브루흐의 공식과 법치국가』, 길안사, 1999.
위르겐 하버마스, 한상진 · 박영도 (공역), 『사실성과 타당성』, 나남출판, 2001.
Helmut Coing, 양창수 (역), "19세기의 역사적 법교의학으로서의 신탁이론", 『고시계』(1989. 6).
G. Kegel, 정옥태 (역), "의무부담과 처분", 『황적인 박사 화갑기념 논문집』, 박영사, 1990.
佐伯仁志 · 道垣內弘人, 『刑法と民法の對話』, 有斐閣, 2005.
U. Beck, Risikogesellschaft, Frankfurt/M. 1986.
R.-P. Callies, Strafzweck und Strafrecht, in: NJW (1989).
A. Fischer-Lescano/G. Teubner, Regime-Kollisionen; Zur Fragmentierung des Weltrechts, Frankfurt/M. 2006.
E. Forsthoff, Verwaltung als Leistungsträger, Stuttgart/Berlin 1938.
H.-G. Gadamer, Wahrheit und Methode, Tübingen 1975.
K. Günther, Der Wandel der Staatsaufgaben und die Krise des regulativen Rechts, in: D. Grimm (Hrsg.), Wachsende Staatsaufgaben - sinkende Steuerungsfähigkeit des Rechts, Baden-Baden 1990.
J. Habermas, Theorie des kommunikativen Handelns, Bd. 2, Frankfurt/M. 1981.
J. Habermas, Faktizität und Geltung, 2. Aufl., Frankfurt/M. 1994.
W. Hassemer, Einführung in die Grundlagen des Strafrechts, München 1990.

W. Hassemer, Kennzeichnen und Krisen des modernen Strafrechts, in: ZRP Heft 10 (1992).

P. Heck, Grundriß des Sachenrechts, Tübingen 1930.

Arth. Kaufmann, Analogie und Natur der Sache , Heidelberg 1965.

K. Larenz, Methodenlehre der Rechtswissenschaft, 6. Aufl., Berlin usw. 1991.

N. Luhmann, Rechtssystem und Rechtsdogmatik, Stuttgart/Berlin/Köln/Mainz 1974.

N. Luhmann, Ausdifferenzierung des Rechts, Frankfurt/M. 1981.

C. Prittwitz, Strafrecht und Risiko, Frankfurt/M. 1992.

G. Radbruch, Rechtsphilosophie, Heidelberg 1999.

B. Schünemann, Kritische Anmerkungen zur geistigen Situation der deutschen Strafrechtswissenschaft, in: GA (1995).

F. Tönnies, Gemeinschaft und Gesellschaft, 4., unveränderte Aufl., Darmstadt 2005.